自己肯定感ハラスメント

スポーツドクター
辻　秀一　著
Shuichi Tsuji

Shinsyo

はじめに――「自己肯定感」至上主義社会からの脱出

巷には「自己肯定感」という言葉があふれています。

「○○さんは自己肯定感が低い」

「もっと自己肯定感を上げないと」

「自己肯定感を高めるべき」

「自己肯定感の低さが問題だ」

などなどです。

しかし、はっきり言って私はその自己肯定感への執着と、その至上主義の風潮を苦々しく思います。

なぜなら、私自身もですが、肯定できないものもあるし、そのために成功体験を積まなければならないという考えには、どうしても苦しさやしんどさを覚えてしまうのです。まして、それが幸せで自分らしい生き方へと導いてくれるのか、疑問を持たざるをえないのです。あなたはいかがでしょうか？　そう感じませんか？

私は、スポーツドクターとしてアスリートたちのメンタルサポートする仕事をしていますが、「自己肯定感を上げて、自信をつけて、頑張る」という構造がジュニア時代から拡大していて、彼ら彼女たちがそのために結果や成功だけを追い求められ、かえって苦しんでいるようなシーンがよく見受けられます。実はそれでは勝てません。

それは、ビジネスの世界でも教育の社会でも、同じようなことが起こっており、自己肯定感至上主義の風潮は、私たちを決して幸せにしていないのではないかと強く思わざるをえません。

いつどこで、この自己肯定感の呪いに社会が陥ってしまったのでしょうか？

その至上主義社会から身を守り、解放するために、どのようにすればいいのか？

そのあたりを、私の専門分野である脳と心の視点から人間の構造を基に本書で解説していきたいと思います。

＊

かく言う私自身もそんな世界の中で、有名私立中高一貫校で勉強も、医学部時代のスポーツも、医師国家試験を合格して研修医時代のハードな仕事も、超頑張ってはいましたが、どこか息苦しさを感じていたように思います。試験や試合や困難な仕事を突破していても、そこにはいつももっと優秀な人たちは存在するし、より優れたアスリートはいるし負けるし、頑張っても、頑張っても、勤務する病院で人は亡くなるという経験を通して、幸せに生きるとは何かを考えさせられていました。

医者としてもようやく一人前になりかけた30歳を過ぎたころ、そんな私に人生を変えるキッカケとなる出来事が起こりました。

それは「パッチ・アダムス」という1本の映画を観たことでした。当時からロビン・ウイリアムズという俳優が好きだったのですが、彼が主演する実在のドクターパッチ・アダムスを演じたノンフィクション映画です。

テーマは「Quality Of Life」。人生には質があることを教えてくれるストーリーで、それが当時の私にはものすごく心に刺さったのです。それまでは「質」など考えたこともなく人生を過ごしてきて、思考の質、行動の質、時間の質などは見えないけれど、本当はいつでもどこでも確実に存在しているのだとわかったのです。

ラッキーなことに、本物のパッチ・アダムス氏が来日し、講演会が開かれ、私も会場に足を運びました。内容の詳細はもう30年近く前のことなので忘れてしまっているのですが、覚えていることが2つあります。

1つは、すべての質をつくり出しているのは自分自身の心持ちなのだということ、もう1つは、幸せか幸せでないかは外側の条件ではなく、自分自身がそう感じるかどうかで決まるのだということ。

自分自身の心持ちとか、自分自身の感じ方が大事なのだという言葉が印象的で、講演会場のパシフィコ横浜から東京の自宅に帰る途中、「自分自身って何？」「心持ちとは？」「感じ方と言われても……」といったことが頭の中をぐるぐると回り続けていたことを思い出します。

今回の本書のテーマで言えば、自己肯定感は自分の外側にある条件や評価・常識・比較などによってつくり出されるもので、そこには真の幸せはなく、自分自身や内側にある心持ちや感情などの存在に目を向けて、「自己存在感」を持つことそのものが幸せなのだということです。

漠然とそう感じてから、内科医を辞め、自分自身を見つめ、内観して、心を整えて質高く生きることの大切さを社会に伝えるべく、今の活動をするようになりました。

今回、このような自己存在感についての私の思いや考えを皆さんにお伝えできることを心より感謝申し上げたいと思います。そして、自己肯定感の呪縛に陥り、苦しんでいる方々に、すべての人が誰でもが持っている「自己存在感」というすばらしさに気づいていただければ幸いです。

例えば、自己肯定感を高めるために見栄を張り続け苦しんでいる人が、自己存在感の基に生きられるようになれば、見栄など不要な人生になります。

自己存在感は、特別なものではありません。自身の持つ〝ある〟への〝気づき〟さえあれば、すべての人にそもそも備わっているものです。

自己肯定感だとなぜ苦しくなるのか、そして、自己存在感の考え方、自己存在感の感じ方をわかりやすくお伝えしていきたいと思います。ぜひ今までのご自身の生きてきた道のりを振り返りながら、読み進めていただければ幸いです。

自己肯定感ハラスメント◎CONTENTS

第1章
「自己肯定感」が私たちを苦しめている

第2章

なぜ「自己肯定感」にすがるのか？

第3章

「自己存在感」が人を輝かせる

第4章

どうやって「自己存在感」を持つのか？

第5章

生育歴が大きく影響する

終章

「あとがき」に代えて、本書のまとめ

装幀◎河南祐介（FANTAGRAPH）
本文フォーマット＆図版作成◎二神さやか
ＤＴＰ◎株式会社キャップス

第1章

「自己肯定感」が
私たちを苦しめている

「自己肯定感」が私たちに強要していること

「自己を肯定する」とは、確かに聞こえのいい言葉です。

ただ、そのため、肯定しなければならない、否定はダメなのだという概念が私たちを支配していきます。本来は自己のすべてを受け入れて、自分らしく生きましょうという意味かもしれませんが、肯定するために、比較したり、ポジティブなことを探したり、いい意味付けを見つけなければならなくなっています。

その典型的な言葉が、「自己肯定感を高めるために成功体験を積め」というものです。そもそも自己肯定感という考えだから、高めたり上げたりしなければいけません。その根幹には、高低の概念が存在しているのです。

では、どこまで高め続けたらいいのでしょうか？

どこまで上げないといけないのでしょうか？

自己肯定感の考えには、そうした矛盾を私たちに知らず知らずのうちにもたらしています。

自己肯定感を高めるために、まずそれが高いのか低いのか、それが肯定するに値するものなのかを、まわりや社会と比較し続けなければなりません。

例えば、オリンピックに出たとしても、金メダルを取れずに負けることは多々あります、例えば、東京大学に合格しても、もっと優秀な同級生はたくさんいます、たとえ3キロダイエットしたとしても、もっとスタイルのいい人はいくらでもいます。ツイッターでフォロワーが1万いたとしても、さらに上はとてつもなく存在します。

自己を肯定するために、他者とあるいは世間の常識と、はたまた理想と比べ続けていかなければならないのです。外側にあるさまざまなものとの比較を強要しているとも言えます。

オリンピックや東大、ダイエット、フォロワーの数で自己肯定感を持たなければならないことは、実は本当の自己と向き合い、それぞれが幸せに生きることとはまったく違うことだと言えます。

「自己肯定感を上げるために頑張る」という苦しみ

より良い自分を目指して一生懸命に生きることはもちろんあっていいでしょうし、そうあるべきかもしれません。

しかし、「自己肯定感を高めるために成功」と言うのなら、その妄想を求め続けるのはいかがなものでしょう？

成功とは何ですか？

試合に出ること？　上場すること？　テレビに出ること？　ＳＮＳで「いいね！」の数が多いこと？　有名になること？

「自己肯定するために成功」という、誰かがつくり出した尺度に当てはめながら生きていかなければならなくなります。そこにハマってしまった人には、自己肯定するために頑張らなければならず、そのためにかえって苦しくなり、さらに自己肯定感が下がっていくといった矛盾が生じています。

もしくは、自己肯定感を上げるために自身にウソをついて、すべてをポジティブに考えていこうとしなければならなくなっているケースも見受けられます。

それこそが、自己肯定感の呪縛です。

「私、自己肯定感高いんです！」「どんなこともポジティブに考えて、オレも社会も最高！」とうわべでは思いつつも、実は内心では苦しいと感じている人が増えています。

「肯定」という言葉の反対語に否定があるので、肯定感を保つために、否定してはいけない、すなわち、「すべてをポジティブに考えるのが自己肯定感への正解なのだ」と思い込んでしまうのです。

「成功が善、ポジティブが正」という思いが自己肯定感至上主義には存在します。

本来はそんな発想ではなかったのかもしれませんが、私たちの脳は現代社会の中で自己肯定感をこのように捉《とら》え、それによってむしろ幸せどころか、苦しさを感じている人が決して少なくないのです。

「自己肯定感」がハラスメントを生んでいる

自己肯定感の妄想が激しくなれば、ハラスメントやいじめ、誹謗《ひぼう》中傷やヘイト主義さえをも生み出していくのではないかと私は恐れています。

つまり、自己を肯定していこうという考えは、他者への否定によって満たされるというリスクがあるからです。

上司がパワハラをするのも、上司が自己肯定感を維持あるいは高めるために、地位への肯定感がそうさせるのだと言えるでしょう。「偉い、偉くない」とか、「地位が高い、高くない」は、自己肯定感の考えにとっては大事な情報になります。

一方、自己存在感という概念であれば、上司も部下も、社会的地位もまったく関係のない発想が生まれます。

強者と弱者、メジャーとマイナー、正義と不義などの対立構造を、肯定至上主義が生み出しているのではないでしょうか？

強者は弱者を支配することで、自己肯定感を満たします。メジャーはマイナーを乗っ取ることで、自己肯定感を満たします、正義は不義を否定して、自己肯定感を満たそうとするのです。

自己肯定感への執着が、一方で否定の世の中を生み出し、自己劣等感を多々生み出しているように思うのです。

私は、自己肯定感をみんなで高めようとしている世の中に、疑問を感じざるをえません。「自己肯定感を高めなければならない」「自己肯定感が低いなんてダメなんだ」「自己肯定感を上げることが正義だ」という風潮で、個々の人々、私たちの幸せ感は増したのでしょうか？

私にはどうしてもそうは思えません。無意識な自己肯定感向上へのバイアスが自身はもちろん、まわりや社会を苦しめることになってしまっていると声を大にして言いたいのです。これこそが自己肯定感ハラスメントの社会なのです。

SNSでの誹謗中傷の背景にあるもの

最近はSNSが通常・日常のメディアになってきたために、個人の自己発信がしやすくなり、そのことに関してはとてもいいことだと思います。ただ、反面、自己肯定感を高めようとするあまり、正義という鉈《なた》を無作為に振りかざしている現象も少なくありません。

正義という名の誹謗中傷の背景には、自己肯定感至上主義があるのではないかと考えています。

もちろん、社会のこうした現象は、一概にそれだけの問題とは言えないかもしれませんが、後ほど詳しく触れる人間の認知的な脳の暴走を助長する考えに、自己肯定感至上主義があるのです。肯定や否定、高めるや上げる、優劣の発想、これらから離れた考えが、今こそ必要だと思います。

その1つこそが、「自己存在感」という考えです。外部に振り回されることなく、自身の〝ある〟に目を向けて生きることは、それぞれの存在に価値があり、自分を信じて互いに認め合い、リスペクトし合えるようになります。それは結局のところ、今求められているダイバーシティ&インクルージョン（D&I）という、平和な社会を実現することにもつながると私は確信します。

マウンティングは、自己肯定感維持のため⁉

先日、あるレストランで食事をしていたところ、すぐ隣の席に男女2人ずつの4人グループが座って話し続けていました。彼らの無意識の自己肯定感維持暴走によって引き起こされるマウンティング的な発想に基づいた会話は、私を苦しくさせました。

これがよく言う「マウンティング」なんだと思いました。自分の優位性を周囲に示そうとする行為です。

明らかに4人のうち2人は高学歴で有名企業に勤めていることが会話からわかりましたが、それによりつくられてきた自己肯定感維持のために、自分たちの優位性を示そうとしているのです。つまり、そうではない劣位の相手に無意識のマウンティングをしているのです。

彼らは、子どものころから培《つち》われていきた無意識の自身の自己肯定感を維持するために、ずっとマウンティングし続ける人生を歩むのでしょう。

勉強でもスポーツでも仕事でも、全力を尽くして何かを得ていくことに、何ら否定するわけではありません。むしろ大切なことでしょう。

しかし、それによって得られるものは自己肯定感であってはなりません。それによって自身が苦しくなるからです。得る結果も、そのためのプロセスも、すべてはただ唯一無二の「自分の存在」を自らが知って感じるためのはずだからです。

「ただ自分であればいい」という発想

しかしながら、学校教育、家庭教育、社会教育もすべては比較と評価の中にあり、肯定至上主義への道を歩んでいくように仕向けられています。

比較されているから苦しいのに、比較しながら肯定感を高めていかなければならないのです。

私も競争の世界で戦いながら、そこそこ勝ち抜いて自己肯定感を高め、維持してきたほうでしたが、「はじめに」で述べたように、その苦しさを30歳のときに「パッチ・アダムス」によって気づかされ、解放されました。

幸いというべきでしょうか、私の両親は、私に自己肯定感を高めるための教育は一切なく、誰かと比べることも、成功を強要されることもありませんでした。「ただ自分であればいい」と言われて育ちました。「勉強しろ」とも「するな」とも言われず、スポーツで「勝て」とも「負けていい」とも、「医者になれ」とも「なるな」とも言われた覚えはありません。

ただ見守られて応援されていたという実感だけは強く残っています。

その後も、私は自分で決めて勉強もスポーツも仕事も全力でやってきましたが、ふと気づくと、社会の自己肯定感至上主義の中で溺れそうになっていました。超優秀なドクターたちの中で、日々患者さんが亡くなっていく現実の中で、自己肯定感を維持できなくなっていたのです。

そんなとき、「パッチ」のおかげで、自分自身を見つめる機会を得られたのです。

その気づきは、小さいころからの両親の育て方のおかげも十分にあると思います。

自己肯定感に執着しない、マウンティング不要な生き方

自己肯定感など外界によってつくられるものではなく、私自身が自分の中にあるものを見つめてみたのです。そうすると、私はスポーツが上手か得意かではなく、本当に好きなのだと気づきました。スポーツのことなら夜中でも休みでも苦にならない自分がいるとわかったのです。

テストで100点を取るよりも、バスケットボールで活躍したり、優勝するよりも、患者さんを治すことよりも、ワクワクするものが自身の中にあったのです。

代々医者の家系でもあり、父の習慣的な言葉も「世のため人のためが自分のため」であり、小さいころから聞かされていたこともあるのか、社会や人のために生きるのは、自己犠牲ではなく、心地良いものだと無意識に体感していたのでしょう。

そこで、私はスポーツドクターとなって応用スポーツ心理学を基にして、心をサポートし、社会と人のＱＯＬに役立つ人生を歩むことにしたのです。

こう述べるとカッコよく聞こえますが、実際には語り尽くせないほどのいろいろな苦労や失敗や事件が起こりましたが、妻をはじめ娘たちの理解と支えもあり、今に至ります。

以来、私の人生は自己肯定感の世界でもがいているよりも、「自己存在感」を大切に生きることで、明らかに自然体な自分でいられるようになったのです。

こうした自己肯定感に執着しない、マウンティング不要な生き方は、実は誰にでもできます。脳の使い方、すなわち考え方やモノの見方を違う視点で持つようにすればいいのです。

それを第４章の自己存在感の持ち方で詳しく述べていきます。誰もが自己存在感のある生き方を育んでいくことができます。

社会的課題は、自己肯定感への妄信が生み出している

今、社会に蔓延している社会的課題は、経済格差、健康障害、環境問題など、世界中にはびこっています。それを感じていない人は、まずいないでしょう。

私は「自己肯定感への妄信」がこれらを引き起こす一因にもなっているのではないかと推察しています。

自己肯定感は、ヒエラルキー思考に他なりません。自己肯定感の源は、ピラミッド構造が背景にあります。つまり、上下や優劣で支配される構造が、利権や金銭を求め、効率化や自分中心主義を招いて、格差や対立を生み出しています。

スポーツもそうですが、社会構造上、役割の違いは皆にあり、それにより社会は機能しています。しかし、「自己肯定感への妄信」は、社会を歪んだものへと誘います。

自己肯定感の従来の意味は、「すべての自己を肯定し受け入れる」という意味なの

でしょうが、肯定するために、どうしても比較や評価に囚われる認知的な脳が働いてしまい、気づけば、社会課題をも生み出してしまっているのです。

マンガやドラマの「半沢直樹」のような企業構造が、社会や世界全体にも見え隠れしています。「半沢直樹」は、自己存在感をエネルギーの源泉として生き抜いている主人公で、社会の仕組みに臆することなく、私たちにメッセージを発してくれていま す。私たちが感じる社会の不条理の背景には、自己肯定感への追求がもたらした人類の暴走があります。

一方、自然界では、例えば、調和を重んじ、それぞれの命に自己存在感はあるものの、自己肯定のために成功体験を積み重ねようというような欲求や欲望はありません。

そう、「人間の脳の暴走の代表こそが、自己肯定感信仰なのだ」と私はお伝えしたいのです。

世界や人類が「自己肯定感への妄信」の限界に気づき始めている

グラミン銀行の創設者で2006年ノーベル平和賞受賞者であるムハマド・ユヌス博士は、「3つのゼロ」のために立ち上がった社会起業家の1人です。彼の目指す3つのゼロは、私が申し上げている社会課題に他なりません。

そのすべての原因は、自己肯定感至上主義です。自己肯定感を満たすために成功体験を刻み続けなければならず、気づけば社会はヒエラルキー構造になり、格差が生み出されていきました。

そこで、ユヌス博士がこの社会課題解決のために必要だとおっしゃっていることが、「ユヌス・ソーシャル・ビジネスの7原則」に垣間見られます。

①ユヌス・ソーシャル・ビジネスの目的は、利益の最大化ではなく、貧困、教育、環境等の社会問題を解決すること。
②経済的な持続可能性を実現すること。
③投資家は投資額までは回収し、それを上回る配当は受けないこと。
④投資の元本回収以降に生じた利益は、社員の福利厚生の充実やさらなるソーシャル・ビジネス、自社に再投資されること。
⑤ジェンダーと環境へ配慮すること。
⑥雇用する社員にとってよい労働環境を保つこと。
⑦楽しみながら。

この7原則は、直接、自己存在感を醸成するものではありませんが、次章で述べる認知的な自己肯定感の暴走から離れたビジネスのあり方の1つを説いているように思います。ひいては、この考えは一人ひとりの自己存在感に基づく生き方と社会構造につながっていくためのヒントかもしれません。

ようやく世界全体で取り組み始めたSDGsに見る17の社会課題も、すべては認知脳による自己肯定感への人類の暴走が生んだものだと思います。

社会、特にビジネスの世界では、自己肯定感による構造で動いているために生じた社会課題の数々なのでしょう。今の資本主義経済は、「儲《もう》けたい」「偉くなりたい」「うまくいきたい」という自己肯定感への欲求を基盤に成り立っています。一方で、このような自己肯定感への妄信の限界を、少しずつ世界や社会が、そして人類が感じ始めているのではないでしょうか？

自己肯定感の勝者たる先進国が社会課題により疲弊し、後進国への優位性を誇示しているのが今の社会と言ってもいいでしょう。

第2章

なぜ「自己肯定感」にすがるのか？

人類が得た「認知的思考」が生んだ欲求

世界は、社会によってつくられています。社会は、集団、国や組織や企業や法人や家族がつくっています。組織や企業や家族は、個人によって成り立っています。

その人間という個人を動かすのは脳、すなわち思考です。

人類だけが手に入れたこの文明は、ホモサピエンスの時代から40万年かけて脳が進化してきた証と言えるでしょう。この文明発展のための脳の進化こそ、認知的思考の進化になります。

認知的思考とは、生命維持の目的を超えて、さまざまな結果を求めようとする思考です。便利な結果、効率の高い結果、大きな結果、お金のある結果、モノに満たされた結果などへの追求です。すなわち、自己肯定への追求といえるでしょう。

そのために、外界との接触を高め、評価や分析をして行動に活かしていくための脳機能です。ＰＤＣＡサイクルを回して、より良い結果を目指そうとする人間のみが有する認知的な働きです。

マズローの5段階欲求で言えば、生理的欲求や安全欲求までは動物でもエネルギーの源泉となりますが、その上の社会的欲求や承認欲求は、まさに人類固有の認知的な脳が生み出す欲求に他なりません。

認知的思考をさらに強化させる教育システムの弊害

さらに、人類は、認知的脳機能を進化によって獲得したばかりでなく、教育という仕組みをつくり出し、そこでさらに認知的な脳を育み鍛えるようにしたのです。

学校教育や社会教育の中で求められるのは、結果を出すための、つまり、社会的欲求や承認欲求に応えて社会の中で自己肯定感を得るための脳力になります。偏差値が

マズローの欲求5段階

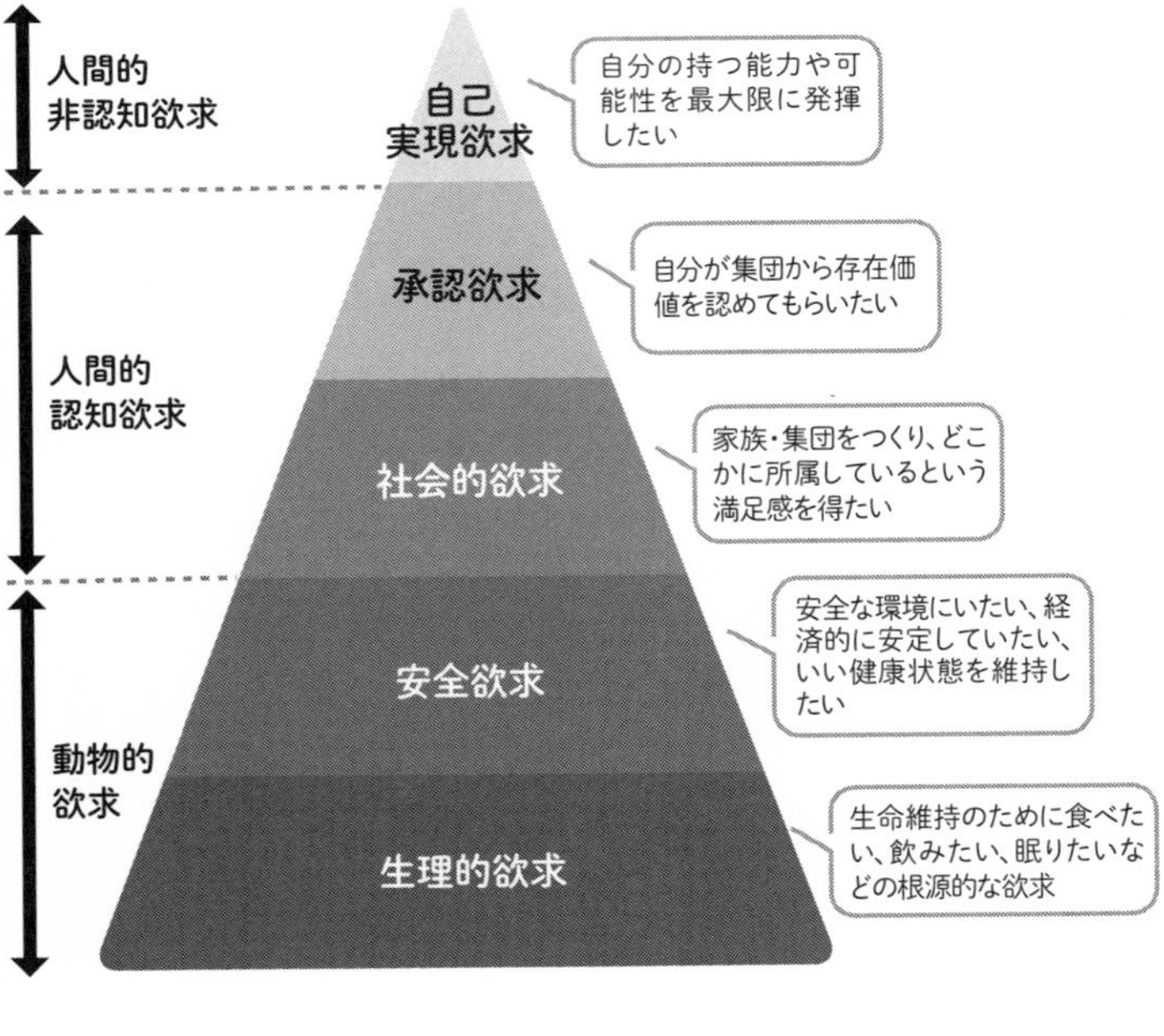
人間的
非認知欲求
人間的
認知欲求
動物的
欲求
自己
実現欲求
承認欲求
社会的欲求
安全欲求
生理的欲求
自分の持つ能力や可能性を最大限に発揮したい
自分が集団から存在価値を認めてもらいたい
家族・集団をつくり、どこかに所属しているという満足感を得たい
安全な環境にいたい、経済的に安定していたい、いい健康状態を維持したい
生命維持のために食べたい、飲みたい、眠りたいなどの根源的な欲求

あり、学校の成績も常に比較され、それは体育や美術や音楽ですら点数化されて、学年順位を出され、教育の出口の1つが大学受験になっているという構造です。

受験戦争をはじめ、すべては社会の自己肯定感の社会的ニーズに応えていくための仕組みができあがっています。

例えば、スポーツでもジュニア指導は、勝つことの喜び、優勝するための努力、試合メンバーに選出され選手になることなどがすばらしいことなのだと、子どもたちに求めます。「スポーツを通じて自己肯定感を上げる」という指導教育は、そこに携わる子どもたちを逆に苦しくさせるというリスクを無自覚に負っているのです。

全員が試合に出られないし、全員が勝てないし、いつまでも勝ち続けられないというスポーツの現実がある中で、自己肯定感のためのスポーツには限界があります。特にトーナメント形式の試合が多い日本では、自己肯定感を保ちにくいでしょう。

中学校より高校、高校より大学になるとスポーツを継続しにくくなるのは、自己肯定感を否定されていく環境が強いという問題があると考えます。

私も大学まで体育会でバスケットボールをやっていて、自分の戦績はたいしたことはないのですが、私がかかわるアスリートたちは、オリンピアンや日本代表やプロたちばかりなので、競技歴を比べてしまうと、私も自己肯定感を保ちにくいのです。

そこで自己肯定感を維持するために、彼らが苦手な脳や心の仕組みを持ち出すことによって、自己肯定感を維持しています。ただ、そこには限界があります。

一方で、「スポーツが好きだ」という気持ちは私自身の中にあり、誰かと比べられるものはなく自己存在感の源になっているので、オリンピアンや日本代表と会っていても、劣等感など持たずに対等にお付き合いができるというわけです。

スポーツだけでなく、自己肯定感を高めるために鍛えられた認知的思考が、すべての社会活動を支配している社会に生きているのが私たちです。

私たちは、あらゆるシーンで肯定を求め、求められ、肯定されるために認知的思考を使い続けることになります。優劣の中で生き抜くための材料を、自己肯定するために外部に探し続けるわけです。しかし残念ながら、その発想では永久に自己肯定感は満たされることはなく、「高めなければ……」と苦しくなっていくばかりです。

私たちが生きる社会には、年収、容姿、学歴、地位、スポーツの戦績、勤めている会社など、自己肯定感を維持するために配慮しないといけない要素が無限に存在しています。外界との比較の中で自己肯定感を保ち、高めていくのは至難の業です。外界には無限に比較する要素があり、それに対応しながら、自己を振り返り、肯定感を持つことが難しいのは当たり前です。

つまり、認知的社会の中にあって、自己肯定感の信仰はむしろ自己否定感を助長していくリスクが大いにあるのです。

「成功体験」という呪縛

自己肯定感とセットのように広がっているのが、「成功体験」という言葉です。

成功体験が少ないから自己肯定感が高まらないという意図でも使われます。つまり、自己肯定感の必要十分条件として成功があるということです。まさに認知的な発想です。

成功とは結果の1つであり、外にある誰かが評価してできあがった1つの概念に過ぎません。それなのに、成功、成功と成功に呪縛されています。そのため成功にしがみつくことで、苦しくなっているケースがよく見られます。

成功を強調するがあまりに、失敗への恐れが生じ、それによって自己肯定感どころか自己否定感が広がっているのです。

成功は、自身でコントロールすることはできないし、勝手に誰かが定めた定義に基づいたものに過ぎません。

私たちが幸せな人生を歩むためには、成功体験よりも自分の存在そのものを土台にする考え方が必要です。それこそが自己存在感を育むからです。

自身でコントロールできる自分の内側の〝ある〟を、外側の成功よりも大事にして価値を重んじるのです。

例えば、自分が感じること、自身が一生懸命取り組むこと、自身がワクワクすること、自身が好きなこと、などです。成功に重きを置いた自己肯定感よりも、自身で今あることに価値を重んじる自己存在感がその人自身の人生を豊かにします。

自分を幸せに導く成功、苦しめる成功

私が尊敬しているバスケットボール界の伝説のコーチの1人、ジョン・ウッデン氏は成功をこう定義しています。

「〝成功〟とは、自分のベストを尽くし、自分がなり得る最高の自分を目指し続けたと自ら思える心の平静を持てることである」

この意味で「成功」を理解しているのであれば、その成功体験は間違いなく自己存在感を持てるようにしてくれるはずです。

ところが、巷で使われている成功体験は、認知的な結果を追い求めたモノや地位な

どに紐づくものになってしまっていると言わざるをえません。

ジョン・ウッデン氏が提唱している成功の考え方は、自身の内側に存在するものを指していて、自身でコントロールできるものに価値を置いているところが本当にすばらしいのです。

ジョン・ウッデン氏は、アメリカのNCAA（全米スポーツ協会）のDiv．1のUCLAブルーインズのコーチとして全米で10回も優勝に導いた教育者でもありました。

彼が提唱している「成功のピラミッド」という概念があります。彼の定義する成功に必要なことが15個のブロックと10個のモルタルでピラミッドとして描かれています。ここで全部は紹介しませんが、どれも本書のテーマである「自己存在感」を持つために大事な考え方です。どれも「自分次第」でできることに重きを置いています。

例えば、私の好きな10個だけを紹介すると、「勤勉さ」「協調性」「情熱」「自制心」「正直さ」「平常心」「誠実さ」「闘志」「忍耐」「信念」などです。どれも自分の内側にある価値です。評価されるものでも他者と比較するものでもなく、ウッデン氏が述べる真の成功のために、自分次第でできるこれらのピースの存在に気づき、それを磨くことです。

ポイントは、それが結果による成功体験ではなく、自分自身の糧となって自己存在感を育んでいける点です。

どれも完璧である必要などまったくありません。この中のどれか1つでもすでにあれば、それが自己存在感の芽となってあなた自身を支えてくれます。

そして何より、すべての人にこのどれかはすでに存在していて、人としての自己存在の基礎となる芽は必ず備わっているはずなのです。

自身を見つめずに、その外側にある結果や比較だけけして自己肯定感探しをしているうちは、迷路に迷い込んでいるようなものです。

どんな人も自身の内側を見れば、必ず比べる必要のない何かが見つかるはずです。

それが、自己存在感という考えなのです。

「承認欲求」のアリ地獄——飽くなき他者依存への道

認知脳の目玉は、承認欲求です。承認されることで自己肯定感を得ようと必死になります。文字どおり、そのために「必ず死ぬ」ような苦しい思いをすることになります。

なぜか？

なぜなら承認は無限だからです。もっと、もっとと、アリ地獄のように承認欲求を追い求め続けます。

例えば、SNSの「いいね！」の数が1000あったら、3000の「いいね！」がほしくなります。褒められたら、もっと褒められたくなるのです。外界と比べれば、まだまだ足りないと思うのが認知脳だからです。満たされることは、ほぼないでしょう。

承認欲求こそ、他者依存の考え方です。自己肯定感を維持する、あるいは、高めたり上げたりするために、ずっと他者の目を気にしながら、誰かからの承認を願っていく人生です。

人はどこまで承認されたらと気が済むのでしょうか？

褒めてくれなかったら、どうするのでしょうか？

他者に依存し無限の承認を求めている限り、常に自己肯定感は不安定なものになります。

承認欲求による自己肯定感は、いずれ自己顕示欲に転嫁する!?

承認欲求によって培われた自己肯定感は不安定であると申し上げましたが、それはいずれ自己顕示欲に転嫁されていく危険性をはらんでいます。

承認されたいがゆえに、自分を実際以上の人物に見られるように振る舞ったり、行動しようとします。互いにそれほど知らない間柄でのＳＮＳのやりとりでもよく見受けられるケースです。また、不自然なほどに自己主張して、他者に認めさせようとしていくパターンもあります。

このような自己肯定感は、不安定なばかりか、とても危険です。いつも別人格のぬいぐるみを着て、自分の人生を歩んでいかないといけないからです。でも、そのような人は少なくありません。ＳＮＳの普及で、近年増加している傾向があります。不特定多数の人にまでも自分を偽ってより良く見せ続けるのです。

それは繕《つくろ》いの人生ですから、とてもしんどく、気づけば人生に疲れて果てていくことになります。

自己肯定感より自己存在感のほうが生きやすい理由

いつまでも満たされない承認欲求、他者依存による不安定な自己肯定感、無理な自己顕示欲といったアリ地獄から抜け出す考えこそが、「自己存在感」です。

自己存在に目を向けるこの考えは、他者に依存する必要がありません。他者に承認してもらうことに頼る必要もありません。自分を大きく見せるよう自己顕示する必要もありません。

自分の「今ある」を見つけて、それをエネルギーの源泉として生きていけるからです。

自分の「ある」を見つけるのは簡単です。だって、あるのですから。それを評価して肯定や価値をつくり出す必要はありません。

とはいえ、難しく思えるのは、今まであなたが認知的に進化・教育されてきたために、何事も外界に向けて脳が働いてしまうため、「自身の内に〝ある〟を見つめる脳力」が低下してしまっているからです。

でも、ちょっと視点を変えれば、誰でもできるようになります。

繰り返しますが、自分探しの旅などに出かける必要はなく、自分は今ここに存在しているのですから。「ないもの探し」ではなく、「あるもの見つけ」をすればいいのです。詳しくは第4章で述べていきたいと思います。

メジャー正義の苦悩

「メジャーが正しい」という固定概念が自己肯定感の基盤になっていることも少なくありません。裏を返すと、マイノリティ側に自分がいると、間違いなく自己肯定感は低下してしまいます。

認知的な脳は、多数決で正解を決めようとする思考です。つまり、メジャーが正しいという発想です。その認知的な社会の中にあると、どうしてもそのような考えになってしまいます。

「同調圧力」という言葉が、コロナ禍をきっかけに改めて流行っています。少数意見を持つ人がいる場合に、多数意見に合わせるよう暗黙のうちに強制するという発想です。英語ではpeer pressure（ピアプレッシャー）と言ったりします。日本は特に同調圧力の国とも言われたりしますが、あなたは、ご自分の意見がマイノリティでも主張したり、自分だけ違った行動ができるでしょうか？

なかなか簡単じゃないと思いますが、あなたはいかがですか？

「長い物には巻かれろ！」などのことわざがあるくらいで、メジャーが正義になりやすい社会であることは否めません。

そんな中で生きていると、どうしても自己肯定感がそれに合わせてつくられてしまうケースがあります。外界のメジャーに合わせる生き方を無意識にしながら、自己肯定しなくてはいけないわけです。ただ、そこには自己矛盾があるため、内心には苦しさが生じます。ところが、そのような矛盾の中で長く生きるために、「これが自分だ」と錯覚して生きていくようになるのです。結果、本当は矛盾して苦しいはずなのに、これが自己肯定感なのだと思い込んでいることになります。

実に苦しい生き方です。

マイノリティにおける「自己存在感」デザイン

それとはまったく別の視点で自分を大事にする思考が「自己存在感」の考え方です。メジャーに支配されたり、同調圧力に屈することもなくなる考え方です。

マイノリティという集団の中に所属する人の自己存在価値に光を当てて活動しているコピーライターで、世界ゆるスポーツ協会代表理事の澤田智洋氏の考えには勇気をもらえます。

「運動音痴」というマイノリティから「ゆるスポーツ」が生まれ、視覚障害の息子さんの誕生により「障害」というマイノリティ存在を基に「弱さを活かせる社会づくり」に目を向け、それを「マイノリティデザイン」という言葉で世の中に投げかけています。

「マイノリティを起点に、世界をより良い場所にする」という彼の言葉は、社会のマイノリティへの自己存在感デザインだと思うのです。

社会には無数のマイノリティが存在しています。メジャー正義に流されることはやめましょう。社会のメジャー代表は、「普通」や「常識」です。普通という概念から脱却しましょう。

認知脳を基にした大小の評価指標では、マイノリティの正義、マイノリティという普通や常識に囚われない自由な発想やアイデアは生まれません。

すべては一人ひとり、「自分」という普遍のマイノリティで社会はできています。

つまりは、あなたも私も、誰もがマイノリティなのです。

「自分」というマイノリティに、今一度目を向け、その存在価値に気づいていくことが、メジャーという正義の世の中で、自分らしくかつしなやかに生きていくデザインだと思います。

「他人の目」「期待」という檻

自己肯定感の背景に認知的な脳機能が強くあるとすれば、自己肯定感は、他者との比較、他者からの評価、他者からのレッテル、他者からの期待などでつくられていることになります。「他人の目」という檻の中で肯定を模索しているように思えてなりません。それは、どの人にも苦しい人生をもたらしていると言えます。

認知の脳は、勝手な枠組みを自他ともにあてはめ結果を望むという「期待」の思考をします。

「社会は期待にうごめいている」と言っても過言ではありません。他者に対する期待、社会や他者からの期待などです。

「期待」は、結果に固執した考えであり、自己存在とは関係のない枠組みを当てはめる思考です。この思考の中で自己肯定感を高めるために、まずもって「期待に応えなければならない」という呪縛が起きます。多くの人がこの期待呪縛の中で苦しんでいるのです。つまり、ちっとも自己肯定感は高まらないという構造です。

他者や外界が勝手に生み出す枠組みなので、常にそこにはギャップが生じ続けることになり、結局は、結果と他者に依存した状態になり、自己肯定どころではないというわけなのです。

他人がつくったドラマを演じる自己肯定感なんて偽物

「期待」という檻の中にいて、自己肯定感など生まれるはずはありません。檻の中で肯定しようとするのではなく、檻など生じない自身の内側にあるものを見つめて、自己存在感を育むことが大切です。

他人の貼ったレッテルに合わせて自己肯定感を維持して生きることほど、しんどいと感じることはありません。他者の目が気になるというのは、そういうことになります。

本当の自分を裏切って、自分を演じる人生なのです。

他者は喜んで勝手なレッテルを貼ってくるので、私たちの心はちっとも幸せではありません。自分の人生ではなく、他人がつくったドラマを演じているようなものだからです。それは、自己肯定感を高く維持することなど、至難の業ということになります。

その自己肯定感は、はっきり言って偽物です。すぐに化けの皮は剥がされてしまい、レッテルを剥がした途端に、空洞化した自分が見つかるでしょう。

レッテルを貼られて生きるのも生きづらく、そのレッテルを剥がしても生きるエネルギーがなくなるという八方ふさがりの状態です。

レッテルがなくても、自身の中の〝ある〟に目を向けて、自分に正直に自己存在感のエネルギーによって生きることが本当の幸せであり、まわりからもカッコ良く素敵に映ります。「自己肯定感よりも自己存在感が大切」と私が本書で主張する理由は、ここにあります。

必要なのは、自己肯定感より自己存在感

今、皆が呪縛されている「自己肯定感至上主義」から脱却しましょう。自己肯定感という社会のハラスメントから開放されましょう。どうしても肯定には認知的な脳が働いてしまい、本来の自己肯定感の意味が実現できない現状があると私は強く感じています。

外界、結果、他人などに依存する認知脳とは別の発想で、「自己存在感」を見つけ、持つことが、これからのVUCA（Volatility：変動性、Uncertainty：不確実性、Complexity：複雑性、Ambiguity：曖昧性）の時代において、自らが強くしなやかに生き抜くための大事なスキルの1つになります。

外界が不安定であればあるほど、外界に依存したり、結果に頼ったり、他者と比較したり、他の情報に振り回されている人は、自己肯定感を高めにくくなります。なぜ

なら、不安定なだけに、スピード感を持って尺度が次々と変わり、振り回されることになるからです。

そのような変化の激しい時代だからこそ、外界に頼らざるをえない「自己肯定感」ではなく、「自己存在感」を持つことが、囚われずかつブレないあり方を実現させるのです。

優劣と上下の格差——映画「JOKER」からの推察

これまで「自己肯定感への追求が、さまざまな社会の歪みを生み出した」という話をしてきましたが、何よりも優劣思考や上下の発想が精神的な格差をもたらします。

そのことを自分事としても肌で感じている人は決して少なくないでしょう。

その一端がアカデミー賞に表れています。

その1つが2019年公開のトッド・フィリップス監督作品、ホワキン・フェニックス主演の「JOKER」で、2020年の主演男優賞受賞作品です。「どんなときも笑顔で人々を楽しませなさい」という母の言葉を胸にコメディアンを夢見る、孤独だが心優しい主人公のアーサー。都会の片隅でピエロメイクの大道芸人をしながら母を助け、同じアパートに住むソフィーに秘かな好意を抱いているアーサー。笑いのある人生はすばらしいと信じ、ドン底から抜け出そうともがくアーサーはなぜ、狂気あふれる悪のカリスマ・ジョーカーに変貌したのか？

その答えこそが、自己肯定感至上主義社会によりつくり出された格差の中の劣等感です。

自己肯定を得るために、自己優位な社会を一部の人間が認知的脳を暴走させながらつくり出していきます。その中で相対的に劣等感を感じる人たちが生じ続けます。肯定されず、否定される側の人たちです。そのネガティブなエネルギーは、人を時には悪人にすら変えてしまうという構図です。その恨みの感情は、積もり積もって社会に対して破壊行動を生じさせるのだという危険性を私たちに突き付けました。

私も最初にこの映画を観たときは、どんよりとした暗い気分になり、何か自分とは別世界の感じを受けたのですが、映画の本質をじっくりと考えるにつれて、それは私にも誰にでも起こる劣等感の怖さなのだと思いました。

すべての面で自分の自己肯定感を維持するのは、きわめて難しいものです。私もあなたも、ちょっと話題を変えたり、世界が違えば、いきなり自己肯定感を保てなくなるリスクを常に抱えています。

そんな世界で知らず知らずに抱える自己否定感と自己劣等感。この感情は、人を疲弊させ、時には人を狂気にし、凶器と化すのだと改めて考えさせられた映画でした。

主演のホワキン・フェニックス氏がアカデミー賞授賞式ですばらしいスピーチをしましたので、その一部をご紹介します。

「ハイ、皆どうだい？　ハイ。ゴッド、今は感謝の気持ちでいっぱいです。僕は（この賞を獲ったことで）ここにいる候補者たち、そしてこの場にいる全員と比べて、自分が何か優れているなんてまったく感じられない。なぜなら、僕らは皆同じ映画への愛を共有しているから。(演技という)この形の表現活動は僕に本当にすばらしい人生を与えてくれた。もし演技がなかったら、僕自身はどうなっていたかわからない。だけど、演技が僕とこの場にいる僕らの多くにもたらしてくれた最大の贈り物は、自分たちの声を声なきものたちのために使う機会だと思っている。

最近、僕は我々皆が現在集合的に直面している悲惨ないくつかの問題についてたくさん考えてきた。そして、時々、僕たちはさまざまに異なる問題に対して取り組まざるを得ないような気になってしまう。

だけど僕には、そこには共通しているものがあると思う。ジェンダーの不均衡、人種差別やクィア・ライツ、先住民の権利やアニマル・ライツ、それらはすべて不正義に対する戦いなんだ。僕たちは、あるひとつの国(国民国家)、ひとつの国民(集団)、ひとつの人種、ひとつのジェンダー、もしくはひとつの種がその他を支配し、コントロールし、利用し、搾取することに対して罪に問われることはないという思い込みと戦うことについて話しているんだ。

僕が17のとき、兄がこんな歌詞を書いた。『愛をもって救済へ向かえ。そうすれば平和がその後を追うだろう』と。ありがとうございます」

「JOKER」という映画で表現された世界は、実はホワキン氏の実生活でも、今ここに存在している社会でも、同様なことが世界中で起こっているのだと言っても過言ではないでしょう。

自己肯定感至上主義を背景にした格差社会に心の平和はないのです。

さて、もう1つ印象的な映画があります。

2019年ポン・ジュノ監督の「パラサイト」です。「JOKER」と同じ2020年のアカデミー賞で監督賞や作品賞などアジア初の快挙となった韓国作品です。

全員失業中で、その日暮らしの生活を送る貧しいキム一家。長男ギウは、ひょんなことからＩＴ企業のＣＥＯである超裕福なパク氏の家へ、家庭教師の面接を受けに行くことになります。そして、兄に続き、妹のギジョンも豪邸に足を踏み入れます。この相反する2つの家族の出会いは、誰も観たことのない想像を超える喜劇とさらには悲劇へと猛烈に加速していきます。最後は「ＪＯＫＥＲ」と同じような考えられないことまでが起きてしまうのです。

すばらしい家族がどうしてそのような悲劇を生じてしまうのか？　格差の中の生活、パラサイトは見かけの問題で、実は本当の根深い問題こそ、そこにある劣等感、すなわち自己否定感なのではないかと感じました。

韓国は強烈な縦社会で、自己肯定感を学歴などの認知的な評価で維持しないといけません。それがその後の人生すらを決めてしまう社会です。その自己肯定感を問われ続ける社会の中でヒエラルキーができあがり、膨大な数の人の自己劣等感や否定感がくすぶっているのではないかと思います。

そのネガティブな感情は、善良な人が人を殺しかねないという恐ろしさを感じます。

認知的につくり出された自己肯定感支配の世界が、まぎれもなく私たちのまわりには存在しているのだと思います。自己肯定感至上主義の社会は格差を生み、一方で自己劣等感を育み、人を狂気に誘うことを、この映画は教えてくれます。

一方で、自己存在感の基本は命であり、愛でもあります。

実は、それらは誰にでもあります。持っています。しかし、認知の世界にいると、その存在すらを忘れさせてしまいます。しかしそれらはすべての人の存在の証なのです。

この後の章では、自己存在感のすばらしさと、そのために大事なことなどを述べていきますので、楽しみにしてください。

肯定とポジティブ至上主義

肯定至上主義、すなわち、「否定はいけない」「肯定しなければならない」という呪縛は、まるでポジティブ信仰の世界と似ています。すべてを肯定し、すべてをポジティブに考えるのはそもそも無理があり、決して自然体ではありません。つまりは、かえってしんどくもあり、苦しむ結果を招きます。

自分より優れていると認知脳が意味づけしている相手がいる中で、自分を肯定するのは簡単ではありません。自分が「ヤバい」と認知脳が意味づけしている状況を「最高だ」とポジティブに考えるのも同様に難しいものです。

認知脳は、意味づけをするのが仕事の脳機能です。しかも、そもそも認知脳は、否定やネガティブの意味づけをするようにできています。

ダメだと否定するので、それをトリガーにして、どのようにそのダメを解決していくのか？　とか、ヤバいとネガティブに意味づけするので、それを原動力として何をすればいいのかを考え実行していくという人間の脳構造がそこにあるからです。

そもそも「人間も原始的に動物に近かったころは、ライオンを認知してヤバいと意味づけして生きるために逃げる」「さぼっている自分をダメだと否定して生きていくために活動する」という構造は、文明が進化した今でも残っており、いわば危機管理能力でもあります。

私たちは常に、否定やネガティブの世界にいます。さらには、「それはいけない」とか「ダメだ」と意味づけして、否定やネガティブを否定しています。

それでは、とても自然体で機嫌良く生きていくことは簡単ではありません。

そこで、「社会全体が肯定しなければならない」「ポジティブでいなければならない」という認知的な解決方法で生き抜いているのが、今の私たちに他ならないのです。

ただ、認知脳による意味づけで今の時代を生き抜くにはもう限界点にきています。

そもそも否定やネガティブな人間構造を認めて、意味づけから離れて、ただありのままを感じ受け入れていくという生き方が、これからの指針となっていきます。

その主役を担うのが、非認知的な脳の働きです。

誰でもこの非認知的な脳を働かすことができるにもかかわらず、すっかり非認知的な思考を忘れてしまい、認知的に生きて苦しんでいる私たち。家庭教育も学校教育、そして社会教育も、非認知的思考を軽視して認知的な教育に支配されてしまっています。これからの非認知的な思考を磨いて見えてくる生き方こそが、本書でおすすめする自己存在感です。

これからの時代は、自己肯定感至上主義を離れ、非認知的な脳を働かせた自己存在感の時代が求められていることは間違いありません。

それは今、社会が望むダイバーシティ&インクルージョン、心理的安全性はもとより、ＳＤＧｓの世界を生み出していくことにもなるのです。

第3章

「自己存在感」が人を輝かせる

なぜ「自己存在感」より「自己肯定感」が広まってしまったのか？

平成22年3月に出された文部科学省の「生徒指導提要」によると、個々の児童生徒の自己マネジメントの能力を育成するために、学習指導の場で大切にしていることは次の3つだと述べられています。

①児童生徒に自己存在感を与えること。
②共感的な人間関係を育成すること。
③自己決定の場を与え、自己の可能性の開発を援助すること。

お気づきでしょうか？　これらの大切にするべき項目の一番最初に「自己存在感」

という言葉が出てきます。子どもたちの自己存在感は、生きていく上で必須なのです。

それはもちろん、大人になっても例外ではありません。自己存在感は生きるための自身の内側にあるエネルギーです。存在感には、「肯定する」というような評価はありません。存在を知って感じることです。

自身の中にあるもの、それが存在です。肯定などしなくても自身の中に〝ある〟を感じさせる教育が重要なのです。

「自己存在感」よりも「自己肯定感」という言葉が世の中に広がってしまったのは、認知的な脳とそれによってつくられた社会が「肯定感」という言葉のほうが心地良く、耳触りがいいからです。肯定感を推し進める背景には、否定感の強さがあるでしょうが、この肯定や否定といった概念は、認知的な脳がつくり出す固有の評価による発想です。

学校での勉強もほとんどは正しいか正しくないか、どちらが上なのか下なのかを考えさせ、そう評価されていく社会の中に私たちは生きています。否定される社会にあって、だからこそ「肯定していかないといけない」というのが自己肯定感至上主義を助長していると言えます。

自己肯定感の呪縛に陥っていることに気づいていない

私たち人間は、そもそも認知的な教育を受けて、認知的な社会で生きているので、この自己肯定感の呪縛に自分たちが陥っていることに気づけないでいるのです。海の中にいる魚が水の存在に気づけないのと同じです。否定はダメで、肯定しなければならないという認知的に正しいとされる考えに気づけないのです。

そこで、「まず原点に戻りましょう」という提案が本書です。

自己肯定とは、自身のすべてを受け入れ、肯定することが大事だという発想がそもそもの意味のはずです。しかし、肯定するために認知的な思考が無意識に働き、否定してはいけない、そのために成功体験を積む必要があるという強迫観念が生まれてしまうのです。

肯定も評価ですが、さらに認知的な脳はその肯定感を高めなければならない、上げなければならないという考えを生み出します。常に肯定し続け、その肯定感を高めていかなければならないとなってしまうと、かえって皆が苦しくなり、本来の意図と外れてしまう危険性があります。まさに今の日本は、その危機の中にいます。

自己マネジメントの基本的な教育では、このような危機を招来するための自己肯定感の向上ではなく、一人ひとりが自分らしく自分の人生を愛して生きるためには自己存在感という考えが大切であることを声を大にして伝えていく必要があるのです。

「存在」の反対は……ない！

自己存在感のすばらしいところは、そもそも存在しているのだから、肯定などの労力は不要で、それを見て気づければOKである点です。みんなが誰でもが自己存在感を持てるのです。「肯定」から「存在」に視点を変えるだけで、生きる力が湧いてきます。

肯定の反対には否定という考えがありますが、そもそも存在の反対はありません。自分というものは存在しているのですから。「肯定しなければならない」というように「脅迫感」を持つ必要もないのです。

そもそも、命という存在があるのが私たち人間です。自分です。命に優劣などあるはずもなく、すべての私たちには命がある。命に価値はいらないのです。その〝ある〟に目を向けることができれば、他者と比べる必要もなく、自己存在感を持てるようになります。

それが、私の人生を変えた「パッチ・アダムス」の魂でもある「I love me」という考えです。

自分の〝ある〟を見る

まず自分の〝ある〟を見てみましょう。自分の〝ある〟を見て知って感じて生きれば、心も人生も豊かになってくるはずです。

人は皆、命のまわりにさまざまなものを身にまとって、生きるようになります。まずは名前、苗字、性別、肌の色、顔立ち、生まれたときの体重、生まれた家の環境、その後の教育、性格、容姿、学歴、収入、職業……などなど。

それらのものは皆、比較や評価の対象になり、肯定や否定の対象になっていきます。そんな中で「自己肯定感を高めていかないといけない」と私たちは呪縛されています。自分の身に着けている自分自身の外にあるものを全部肯定できますか？

ほぼ無理と言っていいでしょう。自分の外にまとっているものを外の評価基準で肯定するのは困難なのは当たり前です。

「肯定」という認知的な視点を離れて、「存在」という誰でもが持っている視点で、これからの人生は、自己、すなわち自分自身を見てみてください。

「自分自身を見る」とは、自分さえ良ければいいという自己チュー的なものではなく、自分を大事にするということ。自分を見つめ、自分を知ることが、自分の存在への気づきになり、自己存在感の芽が育まれていくのです。

「let it be」と「let it go」で生きる

「認知脳の暴走から離れて、自分らしく自己存在感に従って、自然体に生きよう」が本書のメッセージです。

それに近い発想の言葉として、皆さんも耳なじみの「let it be」と「let it go」があります。ビートルズと映画「アナと雪の女王」で有名なフレーズです。どちらも「ありのまま」のような意味合いで使われており、「自己存在感」につながる言葉になります。

いずれも自己存在感を育むために大切な言葉になりますが、少し意味が違います。まず「let it be」は、「それをそのままにしておく」とか、「なるようにしておく」という意味です。つまり、「ありのまま」という意味になります。

「it」が何を指すかで、意味が変わる

ビートルズの「LET IT BE」の歌詞は、自分がトラブルに遭っているときに、Mother Maryが「なるがままに」という知恵の言葉をくれる、という内容です。私の解釈になりますが、むしろitは外界の状況などを指していて、その状況に抗《あらが》うことなく、あるがままに受け入れようというふうに捉えられます。

itが外界を指すのか、自分自身のことを指すのかで捉え方が変わるように思います。

認知的に考えるとitは外界を意味し、非認知的に考えるとitは自分になります。

もし、itを自分だとすれば、このlet it beはまさに自己存在感に通じる「ありのまま」という考えに近くなります。自身の中にあるどんなitも、ただそれでいい——。私はこの意味の「let it be」を推奨したいと思います。

一方、「let it go」は映画「アナと雪の女王」で有名になった言葉ですが、どういう意味なのか、考えてみたいと思います。「let it go」とは、「itをlet goする」、つまり、「itで表した何かを手放したり解放したりする」という意味になります。

「アナと雪の女王」の場合、氷を自由に操れる能力に悩まされていたエルサが、両親の勧めによってその能力をずっと閉じ込めて秘密にし、そのことにより自分自身も殻をつくって閉じこもっていました。それを解放して、その能力も含めて自分を、ありのままの自分として受け入れることにしたときに歌うのが「let it go」です。「自分を縛ってきたものすべて（it）を解放する」という意味があります。ということは、このitは外界ともとれますが、むしろ、自身の中にある「囚われ」とか「感情」などを指していると言えるでしょう。

こうして考えてみると、自己存在感につながる「あるがまま」は、「let it go」のほうがわかりやすいのかもしれません。

自身をあるがままに受け入れ、自己存在感を育むのであれば、「let it be」はきわめて重要で、一方でさまざまな認知的な囚われを手放して自己存在感を生み出すのであれば「let it go」も大切な考えと言えるでしょう。

どちらにせよ、it の捉え方が大事で、それが自身につながるのであれば、この両者の「あるがまま」は自己存在感とも言える貴重な言葉となります。

自己肯定感という概念から離れ、自己存在感を育むには、「let it be」と「let it go」の考えを意識していくしかありません。この考えこそが、非認知的な思考でもあるからです。自己肯定感でなく、これらの考え方を皆さんとともに社会で高めていければ最高です。

「信じる」がエネルギーとなる

私たち誰もが「自信を持ちたい」と望んでいます。そして、その自信を得るために、結果と成果を求めます。自信は、結果と成果によって積み重なるものです。そこで自信を持つために、「結果を出さなければならない」という考えに陥り、多くの人は自信を持てないままでいます。まるで、皆が自己肯定感を高めようとして、成功体験を積み重ねて自己肯定感を持てていないのと似ています。

自信を持つことがダメなのではなく、大事にする順番が違うのです。

自信を積み重ねるために、すなわち結果を出すために、もっと大事なことがあります。

まず「自分を信じる」と考えることです。「信じることが信じられないことを起こす」という言葉がありますが、そのとおりです。評価など一切せずに、ただ自分を信じることが自己存在感を生み出して、自らの心を整えることになり、結果が出る確率を高めるのです。

英語で言えば、「自信」は「Confidence（コンフィデンス）」、「信じる」は「Believe（ビリーブ）」と言って区別しています。元NBAのマグジー・ボーグス選手が子どもたちに向けて伝えた「大事なことは、Believe in myself!」という言葉は、とても印象的だったのを覚えています。彼ではなく、一流のアスリートたちが同様のコメントをたくさん残しています。

結果を残していくためにも、まず大事なことは「自分を『信じる』と『考える』こと」だということがよくわかるでしょう。

「自分を信じる」を育むコツ

「信じる」には理由などいりません。ただ信じると考えることが非認知的な思考でもあり、練習すれば誰でもができる思考です。

例えば、子どもに声をかけるとすれば、「自信を持ってやれよ！」なのか、「自分を信じてやれよ！」なのか、それによって子どもの自己存在感は違ってくるでしょう。「自信を持て」と言われると、「結果を出さないといけない」と思うわけです。「信じろ！」と言われれば、結果や外界に囚われることなく、自分で信じると考えれば、自分次第でできることになります。

少しの違いですが、その影響の差は大きいものがあります。

それに気づけば、「自信を持たなければ」と焦ることもなく、自己存在感を生み出し、まずは自分の心を整えて自分らしく生きることができるようになります。

ネルソン・マンデラが教えてくれる「自由」

私が好きな映画で「インビクタス──負けざる者たち」という作品があります。インビクタスとは、ラテン語で「征服されない」「屈服されない」という意味です。巨匠クリント・イーストウッド監督による、実在の人物が成し遂げた奇跡の出来事を映画化した作品です。反アパルトヘイト運動を行なったことで反政府主義者として27年もの長きにわたって投獄されていた、黒人の運動家ネルソン・マンデラ氏が南アフリカ共和国大統領になり、ラグビーというスポーツを通じて、キャプテンのフランソワとともに、自由で平等な社会のあり方を南アフリカ国内はもとより、世界に訴えるというストーリーです。

この映画の根底には、イギリスの詩人ウィリアム・アーネスト・ヘンリーの作品「インビクタス」の、「私が我が運命の支配者　私が我が魂の指揮官なのだ」という一節の考えが流れています。これこそ、マンデラ氏が獄中生活を送る中で、自身の心の寄りどころにしていた言葉だと言われています。

「私こそが私の魂」、すなわち自分の心の指揮官であり、誰にも制服できない唯一のものだという教えでもあります。

場所やモノや行動や肩書きなどは、今でも私たちを拘束させる存在です。どんな場所に住み、どんなモノを持って、どんな行動をして、どんな肩書きを背負うのかは、残念ながら当然のごとくすべて自由ではないでしょう。何かに規定されて、何かに束縛されて評価されているのです。

しかし、マンデラ氏の心の寄りどころにしたあの言葉は、「どんな人にも自由がある」ことを教えてくれます。

「心」という自由こそ、生きるためのエネルギーの源泉

ここでお伝えしたいのは、自分自身の中に「心」という自由な自己存在感の源泉があるということです。マンデラ氏のように牢屋にいるときでさえ、あらゆる自由が奪

われても、自分自身の心は自由なのです。

どう感じ、何を感じ、何を思い、どう思うのか、は誰も邪魔することのない、自身の自由な世界があります。それが生きるためのエネルギーの源であると言っても過言ではありません。誰もが持つ自分自身の中にある自由という存在に気づいてほしいのです。それが自己存在感になるのです。

認知的に外界の世界を見て、自由を得ようとして苦しくなっていませんか？

そのために、誰かと比べて、地位やモノやお金に縛られて、結局のところ、自由などは感じられない……。自己肯定感どころではありません。

そうした自己肯定感の先には自由などありません。そもそも生まれたときからそれぞれの個々が自由に感じて生きています。自由を探しに行くのではなく、まず今ここに、自身の中に自由があるとわかれば、自己存在感はそこに生まれます。

そんなことをこの映画とマンデラ氏は私たちに教えてくれています。

イギリスの詩人の言葉がマンデラ氏を励まし、自己存在感の精神をもたらしました。そして、それがフランソワに継承され、やがてチームメイトたちに波及し、多くの人たちを巻き込んでいき、彼らのラグビーワールドカップの活躍は国民たちに人種を越えた感動をもたらします。

映画を観ずとも、本書を読んでいただき、多くのことに支配され囚われている皆さんにも、自由という存在を知って、小さな感動を分かち合えればと願います。

無理に自己肯定しようとするのではなく、この真実に従って自由という心の存在をただ感じ持って、自分らしく生きることは、誰にでもできます。それが「認知脳に支配された生き方から、非認知的に生きていく」という自然体の生き方につながっていくのです。

自分の価値基準は、どこで、どのように形成されるのか？

自己存在感は、普遍でかつ不変の考えなので、肯定しなければならないといった不安定なものではありません。それが「ブレない自分の源になる」と言えます。

自己存在感を育むためには、自身の価値基準に注目することが大切です。自分の価値基準は、誰もが持っている自分の内側に存在しているものです。自己の価値基準は、自分の生きてきたすべての経験や出会いの中で、何かを感じて自分の中にできあがっていく概念です。ですから、生きている限り、自己の価値基準はすべての人にあります。

私はスポーツが好きで、またスポーツが人間形成に重要な役割を持つという考えを価値基準として持っています。

どこで形成されたのか？

親が教えてくれたのか？

どこかの本でその知識を得たのか？

もちろん、どれも影響を受けたと言えますが、それだけでは私の中に存在する人生のブレない土台となる価値基準にまでは至りません。

その後、実際に自分で小学校は剣道と陸上、中学から大学までバスケットボール、その後もスポーツドクター、メンタルトレーナーとして、さまざまなアスリートたちとかかわり、そんな膨大なスポーツに触れた経験の中で、私しか感じえない感情が価値基準を形成しています。その人、唯一無二の自身の経験と感情が、価値基準を生み出していくのです。

例えば、「海外は多様性があり、日本と違った魅力がある」という価値基準があったとすると、それは教科書や書籍や動画だけでは形成されないでしょう。自身が実際に海外にいて外国の人と出会い、海外の文化に触れたりして、初めて自身の中に価値基準が芽生えていくわけです。知識と価値基準は違うのです。

フラメンコという踊りがすばらしいと聞いていたとします。確かにすばらしいのだろうと思います。知人がそのすばらしさを熱く語ってくれて、そう思ったとします。しかし、それは知識であって、私自身の中に芽生えた価値基準にはなっていません。なぜなら、そのすばらしさを私自身が体験していないからです。

価値基準は、「すばらしい」という前向きなものだけではありません。体験に基づき、その人の中に培った後ろ向きの感情も、ネガティブな価値基準としてその人のオリジナリティとして存在しています。それも自身のの中にまぎれもなく〝ある〟なのです。

つまり、価値基準こそ、自身にしかない経験によって培うことのできたもの、価値基準こそ、自分のオリジナリティで自分の存在価値でもあります。それこそが自己存在感の源なのです。

すべての人が自分にしかない経験と感情を持っているはずです。それによって形成された自分にしかない価値基準があるとわかれば、それには人と比較する優劣などまったく関係なく、すべての人の自己存在感がそれぞれに見つかるはずです。

「自分」という会社の経営をする

自己存在感を持った生き方は、自身が自分の人生を自分らしくブレずに生きていくためにはなくてはならない考えと言えるでしょう。

『君たちはどう生きるか』という吉野源三さんの小説をマンガ化した作品が注目され200万部を越えるベストセラーになりました。『君たちはどう生きるか』は、お父さんを3年前に亡くした中学2年生、「コペル君」こと本田潤一君が日常生活で直面するさまざまな問題を通して、母方の叔父さんと、生き方を見つめて成長していく物語です。

しばしば、引用されている叔父さんのコペル君に対しての言葉は、自己存在感を考えるヒントになるでしょう。

例えば、

「君は何も生産していないけど、大きなものを毎日生み出している。それは何だろうか？　お互い人間であるからには、一生のうちに必ずこの答えを見つけなければならない」

と。それこそが自分が自己存在感を持つこと。成し遂げた成果による肯定感でなく、すべての人は、存在しているだけでさまざまなものを生み出しているということ。それに気づくことだと言えます。誕生したことだけで、誰かの喜びを生み出しているかもしれませんし、日々さまざまな出来事の中で何かを感じた感情も、自分にしかないオリジナルの生産物でしょう。自分が生み出しているものは、認知的に定量化できるものではなく、思いやりや感謝や優しさなど、定量化できないすばらしいものを、日々すべての人がたくさん生み出していることが、生きるということなのです。

目に見える成果のような人と比較して評価されるものによって肯定するようなもの

ではなく、他者と比べる必要などまったくなく、生きて命がある限り生み出していることがあるのですから、それを感じてみましょう。それを感じることが非認知スキルと言えます。

それがすべての人の自己存在感の源となるのです。多くの人がこのマンガに共感したのは、自己肯定感至上主義の中で苦しんで生きている人がたくさんいて、何かのヒントをこのマンガに求めていた証拠ではないでしょうか？

このマンガには、自分という人生の中でどう生きるかについて考えることを通じて、自己存在感に気づいてもらうためのものだったのではないかと考えています。それだけ多くの人が、自己肯定感ハラスメントに苦しみ、よりどころになるものを探しているのです。

生産性を問われるのは、会社だと思われるかもしれません。そう、皆さん、自分という会社を経営しているのです。自分という会社の社長は自分で、自分という会社の従業員は自分です。

自分という社長は、どんな自分という従業員が好きですか？

自分という従業員は、どんな社長を好みますか？

社長も従業員もどんな会社だと安心するでしょうか？

社会から肯定されるために生産性を上げて上場し、株価を上げることだけでいいでしょうか？

それでは社長も従業員も会社も次第に疲弊してしまうことになりはしないでしょうか？

常に売り上げを上げ続けることは、果たして可能でしょうか？

それにより肯定感を維持し続けるのは疲れるし、しんどく苦しいでしょう。

会社の成功体験をつくり続けることはできますか？

自分という会社にとって売り上げではなく、毎日生み出している定量化できないものにも目を向けて存在感を醸成していないと、その会社はそのうちに売り上げも下がってしまうことにもなりかねません。

社長が癌や心筋梗塞などの病気になるかもしれません。社員は売り上げのプレッシャーばかりで、社長から受けるハラスメントに苦しむことになり、次第に家族仲も悪くなり孤独になっていくかもしれません。気分がふさいでうつ病を発症することもあるでしょう。

そして、この会社は潰れてしまうことになるのです。

自分という会社経営をどうしますか？

それが「どう生きるのか？」ということなのです。

自己肯定感を高めるだけの視点を外して、自己存在感を大事にした生き方を選択していくことが、結局のところ充実した仕事や人生につながります。それが、自分らしい、自分にしかできない自分会社の経営と言えます。

「後天的スキル」磨きに、終わりはない

私たちは、自己肯定感を高めるために、社会的に認められるスキルを後天的に得ようとします。それによって物質的な生産性を上げて、外界から認められて、自信をつけて、自己肯定しようとするのです。マズローの欲求で言えば、社会的欲求や承認欲求です。

社会的に認められ、承認されるためには、どうしたらいいのか？

現代人はそればかりを考えて生きています。学校生活の中からその認知的教育が始まります。友達関係、部活、成績、受験など、すべてこの欲求を基にした構造です。

後天的スキルを探して、学歴を追いかけたり、資格を身に着けたり、磨いたり獲得していくことにほとんどすべての人が人生を費やしています。

しかし、そこに終わりはなし。よりスキルの高い人は、いくらでも世の中に存在しており、死ぬまで充実感を得ることはできません。スポーツのスキルでも、より優れた人は必ずいます。芸術のスキルでも、もっと才能のある人は無限にいるでしょう。勉強のスキルにしても、頭の良い人は計り知れないほどいます。

そんな中で自己肯定感を高めていくのには、どう考えても限界があります。それを否定していくのではなく、「その限界を認めて、違った視点の生き方を持ちませんか」という提案が、本書の自己存在感の考え方になります。

「後天的スキル」を追いかけるのではなく、「先天的スキル」に気づこう

存在感の視点の持ち方は第4章で詳しく述べますが、何かを獲得していくことにより得られるという発想ではなく、今の〝ある〟をただ見て気づくという考えです。

それは、「自己肯定感」との対立構造ではなく、自分を自分であるために守るための考え方です。存在に気づくのは今現在存在している〝ある〟があるので、そこに評価や解釈はいらないのが特徴です。

ここで、誰にでも命以外の〝ある〟をご紹介します。それは、いつでもどこでも誰でもが有している「先天的スキル」です。どこかで学ぶスキルでもなく、後天的スキルのように比較されるようなものでもありません。

人間が先天的に持っているスキル、それは「愛のスキル」と「進化のスキル」です。どんな性格、どんな年齢、どんな年収、どんな肩書き、どんな学歴、どんな環境、どんな国籍などに関係なく、人として必ず愛と進化のスキルを持っています。

もちろん、その表現方法だったり、見え方に違いはありますが、必ず絶対、このスキルをすべての人が例外なく持っています。

生まれてきた赤ちゃんを見れば、それがわかります。赤ちゃんは、後天的スキルは何も持っていませんが、すでに愛と進化のスキルを持っています。当たり前ですが、どんな大人も皆、元々、赤ちゃんでした。赤ちゃんは誰かを憎んだり、羨んだりしません。そして、まったくもって自然に日々成長していくでしょう。

私たちが成長するにつれてそのスキルが見えにくくなるのは、認知的に社会的欲求と承認欲求を得るために、後天的スキルにしがみついていこうとするからです。それは、認知脳の暴走をもたらし、自分の心は次第に揺らぎや囚われのストレス状態に導かれてしまいます。

心が乱れると、本来は誰もが有しているこの2つのスキルに気づけないばかりか、発揮できなくなります。すなわち、自己存在感を失い、自己肯定感を追い求めて自己否定感と劣等感の海で溺れることになるのです。この悪循環が私たちを取り巻いていきます。それにより、心の病に陥っている人も少なくないのです。

この悪循環から抜け出すためには、自己存在感の視点を持って、心を整えて、誰もが有する先天的スキルに気づき、その結果として自己存在感を磨いて、心は揺らがず囚われずのご機嫌な状態がもたらされます。それにより先天的スキルを謳歌《おうか》することになれば、人生の好循環が生み出されます。それが人生の質をより良く感じ、自ら人生を充実したものへとつながるのです。

「DX」とともに必要なもの

すでにお伝えしたとおり、今の世界に広がる社会課題は、自己肯定感を高めようとする認知脳の暴走によってもたらされたものばかりだと私は考えています。肯定感を高めるために、優劣の優を追い求め、発展と途上では発展を追求し、不便より便利、下より上を得ようとしてきたことが、さまざま問題を引き起こしてきたのです。

それが格差問題であり、環境問題であり、疾病問題です。「大きくなる」「高くなる」「上になる」などの認知的思考に、地球とともに私たち人類が悲鳴を上げている状況と言っていいでしょう。

比べることや評価の軸だけでなく、存在感を軸に一人ひとりが自分を大事にして、機嫌良く、家族や組織や社会や国を愛して、内側にある思いや目的で生きる社会がやってくれば、次世代の未来はきっともっと明るいに違いありません。

それは、私たち一人ひとりのちょっとした脳の使い方の変革でやってくる世界です。デジタル・トランスフォーメーション（ＤＸ）が叫ばれています。デジタルを利用した新しい世界への変革です。しかし同時に、「ＢＸ」も今これからの時代に必須だと声を大にしてお伝えしたいところです。

「ＢＸ」とは、ブレイン・トランスフォーメーション、脳の変革です。これまで認知脳の暴走で現代文明を築いてきた今、その限界に人々がぶち当たっています。その知らせが今起こっているさまざまな社会問題だと言えるでしょう。

世界は社会がつくっています。社会は組織やシステムでできています。組織やシステムは人でできています。そして、人は脳で動いています。

ということは、今の世界は脳の表現であり、脳の作品です。認知脳しか働かせずに行きついた世界が今の社会なのです。

「自己肯定感を高めて満足する」という認知的思考のみでは、限界や課題が多々あります。それを否定しているのではなく、自己存在感という外界や結果に向かう思考ではなく、自分と向き合い自身の〝ある〟を大切にし、まず心を整えて生きるための非認知的脳をもっと磨いていこうという「ＢＸ」を推奨します。

ＳＤＧｓの実現に必要なのは、「自己肯定感」ではなく「自己存在感」

近年、「ＳＤＧｓ」という言葉を耳にする機会がとても増えてきました。「ＳＤＧｓ」とは、「Sustainable Development Goals（持続可能な開発目標）」の略称です。ＳＤＧｓ（エス・ディー・ジーズ）と呼びます。ＳＤＧｓは２０１５年９月の国連サミットで採択されたもので、国連加盟１９３カ国が２０１６年から２０３０年の15年間で達成するために掲げた目標です。どんな目標なのかを見てみましょう。

①貧困をなくそう
②飢餓をゼロに
③すべての人に健康と福祉を
④質の高い教育をみんなに
⑤ジェンダー平等を実現しよう
⑥安全な水とトイレを世界中に
⑦エネルギーをみんなに、そしてクリーンに
⑧働きがいも経済成長も
⑨産業と技術革新の基盤をつくろう
⑩人や国の不平等をなくそう
⑪住み続けられるまちづくりを
⑫つくる責任、つかう責任

⑬気候変動に具体的な対策を
⑭海の豊かさを守ろう
⑮陸の豊かさも守ろう
⑯平和と公正をすべての人に
⑰パートナーシップで目標を達成しよう

以上の17項目になります。

これは認知脳だけでは実現しにくい課題です。自己肯定感的な思考と仕組みの先に、これらの目標は持続不可能ではないかと容易に想像できます。それはそうです。その背景には、これらの目標となる社会課題を、認知脳の暴走によりつくられてきたということがあるのですから。非認知脳による思考を磨いて、世界中の人が自己存在感を持って、自分と心を大事にしていければ、これらのＳＤＧｓの17項目の改善につながると、私は確信します。逆に、今の認知的な脳の発展では決してＳＤＧｓは実現することはないのです。

だからこそ、ＳＤＧｓの実現には、人類のＢＸが大事になってきます。

肯定感を維持するために認知脳を暴走させている人たちも、一方で否定感で苦しんでいる人たちも、みんなが視点を変えて「自己存在感」の生き方を持てれば、自分も幸せで、そんな人たちの集まる組織「社会や地球」は、持続可能な成長を遂げていくに違いありません。

真のＳＤＧｓ実現には、必ずと言っていいほど私たちが非認知的な脳を育み、ＢＸの先にしかありません。見せかけのＳＤＧｓを認知的に目指し実行していても、社会が変わっていくことは不可能なのです。ＳＤＧｓは、マズローの欲求の最上位に人類が到達して見えてくる景色と言えるでしょう。

第4章

どうやって「自己存在感」を持つのか？

成功と失敗で考えると、失敗がほとんど!?

自己肯定感呪縛の世界では、すべての人たちが成功体験に依存しています。「自己肯定感が高くないのは成功体験が少ないから」「自己肯定感を高めるために成功体験を積まなければならない」という考えです。成功体験至上主義こそ、認知的な脳の暴走と言えます。もちろん、成功を否定したいわけではありませんが、成功はゼロイチの世界で、「成功か、失敗か」「成功したのか、しないのか？」という認知脳特有の二者択一論になります。

成功できるときはＯＫ、成功できる人はＯＫで、それこそが肯定感につながるのですが、一方で、いつも成功できるとは限らないし、誰もが成功できるとは限らないので、自己肯定感より自己否定感や自己劣等感が増してしまうことになります。むしろ、社会から見たとき、「成功」という定義を手に入れることのほうがむしろ少なく、ほとんどが失敗というのが現実でしょう。

スポーツで言えば、試合をすれば試合の数だけ敗者がいて、大会で言えばそのほとんどのチームは負けて終わるでしょう。オリンピックでも、金メダルを取るのはその種目でたった1人か1チーム。金メダルを取ったチームでも、試合に出られないか、選抜されなかった人がほとんどです。

もちろん、どのプレイヤーもチームも、勝つために、試合に出るために、活躍するためにやっていますが、現実は違います。結果だけを見れば、その大半が失敗で、皆敗者なのです。

日常やビジネスや人生も同じです。成功体験に依存する自己肯定感には限界があります。前にも少し触れましたが、そもそも人は、認知的には自己否定を原動力に進化してきた生き物の上に、社会環境も成功はごく一部のコントロールできない結果に依存しています。したがって、改めてお伝えしたいのは、自己肯定感を高めるという発想から離れない限り、心穏やかに誰もが自分らしく生きるのは難しいということです。

そこで、認知的な成功体験依存型の考えではなく、それとは違った非認知的な視点を持つことで自己存在感を持つことができるのです。

なぜなら、「肯定する」とか、「高める」とか、「否定してはいけない」とか、成功が必要だというような認知的な評価は必要なく、そもそも人は誰でも生きて存在していて、自分の〝ある〟を持っているので、そこに視点を置けば、まったくもって無理がないからです。自己肯定感を高めるのではなく、自己存在感を持つ。それは誰もが可能です。目指す必要も人と比べる必要もありません。

苦しくなる「夢」、自分らしくいられる「夢」

結果の代表が「目標」です。

目標を設定し期限を決めて、そのためのするべきことをするという考えで、きわめて認知的です。

「目標は達成したのか、しないのか」「期限は守れたのか、守れていないのか」「するべきことは正しいのか、正しくないのか」「するべきことをしたのか、しなかったのか」という、二者択一、ゼロイチの評価が常につきまとっています。

この考えの中で「自己肯定感を高める」のは至難の業です。

「目標」と関連する言葉に、「夢」があります。

夢という言葉もしばしば人生に大事なものとして私たちは話題にしますが、夢にも認知的な捉え方と非認知的な捉え方があります。

認知的には「夢は目指す」という使い方です。目標と同じように夢の期限を決めて、それに基づくやるべきこと（Things To Do）を明確にして実行する。つまり、バックキャスティング的思考です。それを目指すところから始まる考えです。「夢を叶えよう！」です。

いったいどのくらいの人が本当に夢を叶えたのでしょうか？

もちろん、夢をあきらめずに叶えたすばらしい方々はいらっしゃいますが、大多数ではありません。自己肯定感を高めるために、「○○さんのように夢を叶えよう」というのは、やはり無理があります。

夢や目標を否定するのではありません。「そのために何をするのか」を考え、全力を尽くしてそれを目指すことはすばらしいですが、それで「自己肯定感を上げよう」とか、「自分らしく生きよう」といったことは厳しいでしょう。

そこで私は、「目指す夢」「叶える夢」とは別に、「持つ夢」を提案したいと思います。

それが非認知的な考えに沿った「夢」になります。持つことは誰にでもできます。持っている夢は自身の中にあるので、誰かに評価されることはありません。叶ったかどうかを査定される必要もありません。夢の大きさを比べられることもありません。

自身の内側に夢を持って生きていること自体が大事なことで、それは自分を整え、生きる基盤となるエネルギーを生み出していくことになります。

「自分だけの夢を持っている」というその自分の存在は、唯一無二でしょう。夢を叶えることによる自己肯定感よりも、夢を持っているという自己存在感は、明らかに安定していて、自分自身を地に足をつけさせてくれます。

自己存在感は、成果を出して成功に導くものではなく、自分らしく心を整えるためのものだと考えてみてください。

「認知的な脳」の功罪

今一度、私たちを動かし支配している脳の機能について整理して触れてみたいと思います。

人間は40万年前にホモサピエンスとして進化が始まりましたが、その進化は脳の進化で、それこそが認知脳の進化です。

認知脳は、どのような特徴を持っているのでしょうか？

動物は生きることを主に、動物それぞれの脳を駆使して生きてきました。それはマズローの欲求で言えば、根底となっている「生理的欲求」と「安全欲求」になります。生命維持のための脳力が認知脳の原点です。

一方、人間は生きること以上のさまざまな文明を発展させてきたのですが、その主役が人間固有の進化した「認知脳」になります。動物よりも人間はこの認知脳が進化して、マズローの3つ目と4つ目の「社会的欲求」と「承認欲求」を支えて満たしてきました。

それは、認知脳が結果へのこだわりと、そのための外界への接着と行動の内容を実行することによって起こってきました。結果を出すことにより、社会からの承認を得て、社会とのつながりを生み出していく欲求を満たそうとします。

この認知脳のおかげで、便利な社会、資本主義の社会、GDPの高い社会、発展した社会がこの世界につくり出され、今の現代社会ができあがったと言えるでしょう。

さらに、現代の教育によって私たちは認知脳がさらに鍛えられて、時には暴走もしながら、今の現代を生きてつくり出しています。

認知脳は「結果」「行動」「外界」にしがみついている脳なので、この脳だけを使っていると、実はマインドレスになってしまうという大きなリスクを負うことになります。家でも学校でも会社でも社会全体は、この3つばかりを脳で考え、頭の中に朝から晩までいっぱい詰め込んでいます。

スマホやデジタルな社会は、この認知脳の暴走を嫌が応でも後押ししてきます。そんなマインドレスな認知脳の暴走は、私たち人間の心を置いてきぼりにしたり、空洞化したりと、ストレスを多大に生み出しています。それは人々を疲弊させ、心の病や命を奪われることすら人間にもたらし、社会や人を苦しめてしまっているのです。

そこで認知的に考え出されたストレス対策の1つが、「自己肯定感の向上」です。認知は結果・行動・外界ですから、ストレスな心の状態を解消するためには、成功・成果などの結果を出して、そのストレスを解消しようとするわけです。それこそが成功体験に基づいた「自己肯定感至上主義」です。

「非認知脳」の役割

しかし、これまで述べてきたように、それでは限界があります。成功と肯定という認知的な方法では、人は心を整えることはできません。

そこで、結果・外界・行動という認知的でマインドレスな脳でこの問題を解決するのではなく、自分や質や心といった役割の違う非認知のマインドフルな脳の使い方をすることで、ストレスや不機嫌の海から自らを脱出させることになります。

外界や、結果に向く認知的な自己肯定感ではなく、あるがままの自分や心に向く非認知的な自己存在感が、これからの時代の救世主となります。

認知脳と非認知脳を徹底比較

ここで、両方の脳の思考の違いを比較してまとめてみましょう。

認知脳は「出来事」などの外界を大事にします。一方、非認知脳は「自分の心」を大事にします。認知脳は「不足」を見つけ、非認知脳は「ある」を大事にします。認知脳は「他者と比較」しますが、非認知脳は「自分を大事」にします。認知脳は「過去や未来を分析」しますが、非認知脳は「今」を大切にします。役割が違うのです。

例えば、同じ手でも、利き手は箸を持って、非利き手は茶碗を持ちます。同じ食事でも役割が違うのと同じで、脳にも役割があり、ちゃんとそれを理解しているとおいしく食事ができるのと同じで、人生も美しく質が良くなるでしょう。

バスケットボールの人気マンガ『スラムダンク』で言えば、右手でスナップを効かせてシュートを打ちますが、左手にも役割があり、「左手はそえるだけ」という名言があります。

会社でも人事と営業と開発の役割は違いますが、どちらも大事です。

つい利き手や営業が目立ち、そちらばかりが注目されますが、地味でも非利き手や人事などのバックオフィスにも役割があり、組織や人は機能していけるのです。

脳も主役となる利き脳は「認知脳」ですが、バランスを保つためにも、地味な「非認知脳」を使って自分らしく、自己存在感を持って生きることをおすすめします。

「内観」のすすめ

先ほど述べたように、人は認知的で、外界の環境や出来事や他人に接着して生きています。その中でいつも結果を出さなくてはいけないと脳が働いている状態です。自分の外側には、たくさんのことが、日々、朝から晩まで起こってはやってきます。そ

「認知脳」と「非認知脳」の比較

認知脳	非認知脳
自己肯定感	自己存在感
結果	評価できない質
外界	自分という内側
行動	自分の機嫌や感情
PDCA サイクル	今ここ自分
外発的動機	内発的動機

人類と人生の主役は「認知脳」だが、つねに「非認知脳」をそえて生きることが人生を豊かにする！

れに振り回され、自分の心が持っていかれてしまっているのです。認知脳だけだと、そうならざるをえません。

そこで、自分の外側にあるさまざまなことばかりに脳も自分も心も囚われるのとは別に、自身の中に起こっていることにも向けることが大事になります。

それが「内観」であり、ヨガや瞑想《めいそう》や坐禅で行なわれていることです。

自分の中で起こっていることとは、何でしょうか？

「内観」すべき一番のことは「自分の心の状態」。その代表が「感情」です。

いろいろなことが外界で起こっているのと同じくらい、自身の中ではさまざまな感情が生まれています。それに気づくだけで、脳のバランスが良くなり、心は落ち着けるようになります。

「感情」の表現、わかっていますか？

非認知的な思考をトレーニングするとき、感情のリストアップの練習をします。

「人間にはどんな感情があるでしょうか?」という問いに、時には「ボーナスをもらったとき」とか、「プロジェクトがうまくいくこと」とか、「上司に褒められたとき」などと答える人が少なくありません。これこそ外界の出来事で、認知的な答えになります。どう見ても感情ではありません。

「何が感情なのか」、外側に起こることに振り回されているので、自身の中に起こっている心の状態がわからなくなっている状況です。

「例がほしい」というので、「楽しい」は自分の内側にある感情だと説明します。

もちろん、「楽しい」と意味づけした外界の出来事はありますが、楽しいという感情は自身の中に存在しているので、まぎれもなく感情です。

すると、次のような答える人がいます。

「きれい」とか、「おいしい」です。

これは、自身の中にある心の感情ではなく、外側にあるものの意味づけを示す形容詞です。「きれい」な景色であって、自分の今の感情は「きれい」とは言いません。「きれい」な景色を見て、ぐっと感じる感情が湧いたとか、「おいしい」お寿司を食べて、うれしいという感情が生じたというのが、ちゃんとした表現になります。

多くの人が認知脳だけを働かせているので、自分の中も外も一緒くたになってしまっているのです。

ちなみに、「眠い」とか、「だるい」というのも感情ではありません。

自分のことですが、自分の身体の状態を表現する言葉になります。自分の感情は、「今、眠い」とは言いません。

言葉にはできないものも多々あるかもしれませんが、人間にはそれはそれはたくさんの感情があります。「うざい」とか、「イライラ」だけでなく、「がっかり」「ワクワク」「孤独感」「焦燥感」「充実感」「ヤバい」など、少なくとも100以上はあります。

いかがでしょうか?

外側の出来事や結果に振り回されている中で、自己肯定感を高めなければならないと考えて生きるのか、一方で自分の中に優劣も正誤もない、さまざまな感情を持って生きているという実感から生じる自己存在感で生きるのかには、大きな違いがあるはずです。

感情こそ、人間としての、自分固有の存在です。その存在に気づくだけで、自己存在感の芽が生まれていきます。どんな感情も固有なもので、それをポジティブとかネガティブとか評価せず、すべての感情に気づくことが大切です。

出来事の会話だけでなく、感情に気づける「非認知脳」を育んでいくためにも、感情の会話をしていくことが重要です。

不機嫌な感情でも、ご機嫌な感情でも、どちらも自分の中に存在している事実です。「不機嫌な感情に気づけばその感情は減り」、一方で、「ご機嫌な感情に気づけばその感情は増す」という仕組みがあるので、自身の感情の存在に気づくことは、自分をブレずに安定させることにつながります。

何度も述べますが、成功体験を積んで生み出すリスクのある認知的な自己肯定感にしがみつかなくても、自分の感情に気づく「非認知脳」を使うようにするだけで、安定した自分をマネジメントできるようになります。そのことに早く、そして多くの人に気づいてほしいと願います。

「内発的動機づけ」を醸成する——「好き」というエネルギーの源泉

私たちは認知的な生き物なので、外発的に動機づけられて、それによって頑張るとか、やる気を出すというような構造を持っています。ですから、「どうやってやる気を出させるのか」「なぜやる気が出ないのか」など、外側の条件や事象に依存しているのです。ただ、それではやはり不安定な状態のまま自分の人生を生きていくことになります。

外界にやる気の源や動機の源泉を求めるのではなく、自身の内側に存在するものを土台に、動機やモチベーションを保って生きることを「内発的動機」と言います。

人間の内側にあるエネルギーの源泉となるのが、「好き」という感情です。「好き」という感情は、自身の中にあるオリジナルの原動力となるものです。自分の「好き」な感情を見つめて、「それは何なのか」という外界に目を向けてみてください。

ちなみに、私は「バスケットボール」「お好み焼き」「納豆」「スポーツ」「芸術」「文化」「本」「スラムダンク」が好きです。

この「好き」は、私の内側になる私固有の感情です。なぜ好きなのか？

もちろん、好きは理屈ではないのですが、私の経験に基づいた価値基準の王様のようなものだと思います。なぜ「お好み焼き」と「納豆」が好きになったのでしょうか？

よくわかりませんが、好きなものは好きです。中学生のころ、母にお弁当にまで入れてもらっていた記憶があるほどです。広島風より関西風が好き。両親も滋賀と京都の関西人だからでしょうか、納豆はしばしば関西人は苦手と聞きますが、なぜか納豆は大好きです。朝昼晩と食べても飽きないくらい好きです。

仕事としてお好み焼き屋さんや納豆屋さんにはなりませんでしたが、今の仕事は好きな「スポーツ」や「文化」にちなんだ仕事をスポーツドクターとして活動しています。

「好き」を大切にすると、不機嫌にならない

医学部を卒業して内科医となり、膠原病の専門医として30歳のころまで一生懸命働いていました。それこそ、やらされている感は一切ありませんでしたが、患者さんの命を助けるために、外側になる患者さんの命を原動力に医者として生きていました。やりがいもありましたが、どこかしんどかったのは、認知的に生きていたからなのだと後でわかりました。どんなに頑張っても患者さんは亡くなることがあり、とてつもなく優秀なドクターもまわりにいて、自己肯定感を維持することも難しくなっていま

した。

そんなとき、好きな「スポーツ」にかかわり、「文化」の元になる心につながる「スポーツ心理学」という道に行き着いて自分でつかみ取りました。

病院勤務時代に夜中や休みの日に呼び出されると、どこかで文句がある自分でしたが、「好き」という内発的動機で動いている今は、夜でも日曜でも、文句になる不機嫌はまったくなくなりました。

また、読書や感想文は決して得意ではなかったのですが、本屋は好きで、よく本屋に入っていました。そんな私が今こうして皆さんに「本」を書いてお届けするようになったのも、得意ではなく、好きで行き着いた世界なのではないかと改めて思います。

「得意」は他者と比べた評価なので、認知的な脳の使い方になります。学校は得意と不得意を明らかにさせる評価と比較に基づく認知の世界です。もちろん、認知の世界では得意を伸ばして結果を出していくことが、この社会で生きていく上では推奨されることでしょう。

しかし、得意だけでは、もっと得意な人もいて、比較の中にいるので、心はいつも安心してられずしんどくなります。そこで、外発的動機となるものを外界にさまざまな材料を見つけざるをえなくなってしまうのです。

ただ、誰もが「好き」なことを仕事にできるとは限りません。

大事なことは、自分の心を整えるために、自分の中にある「好き」を見つめることで、自己存在感を磨きましょうということです。それは「好き」を仕事にしていなくても、誰もができる非認知的な思考になります。どんな「好き」が自分の中にあるのかを見る習慣が大切になります。

学校は「好き」より「得意」が評価されるので、小学生に「好きな食べ物は何?」と尋ねても、まずはお母さんの顔色をうかがいながら、「これが正しいのか」というふうで「好き」ですら認知的にとらえるようになっていると感じることがあります。好きに正解も不正解もないのに……。

一人ひとりの「好き」を邪魔する人はなく、自由でその人の存在そのものだということを知ってほしいと思います。「好き」こそ、自己存在感の王様なのです。

生きる目的は、この問いから始まる

「好き」を大事にするのも自分そのものであって、自己存在につながる非認知的思考になりますが、自分の中にある生きる原動力は、実はすべての人にあります。

それが、その人の生きる「目的」に他なりません。

自分の生きる「目的」は、自身の中にあります。認知的に生きていると、「自分探しの旅」と言ってインドなど海外に出向いて行って、そこで探そうとします。ただそのように外界には自分の存在価値につながる目的は見つかりません。

そして、そう簡単に見つかるものでもありません。

そのための問いかけは、自身への「なぜ」から始まります。「なぜ」を自分に問いかけることを「認知脳」はしません。外界への「なぜ?」はします。それが原因追及や理由の分析という認知的な考え方です。認知脳は外に答えを求めようとします。

非認知的な「なぜ」は違います。

「なぜ」自分はその行動をするのか？

自分は「なぜ」その目標を目指すのか？

「なぜ」自分はそう考えるのか？

自分は「なぜ」それをしたいのか？

「なぜ」自分は勝ちたいのか？

などを問いかけてみましょう。

「生きる目的」と「生きる意味」の違い

自分の「生きる目的」と「生きる意味」は同じようで違います。

「意味」は、外側から見た意義のようなもので、認知的な解釈を付けていくことです。「目的」は、外的な意義や意味ではなく、自身の中にしかないエネルギーの源泉です。

そのための思考の訓練として、「何を自分は大事にしているのか」を見つめてみることから始まります。

大事にしている人やモノやコトなどいろいろあると思いますが、もう少し自身の内側に問いかけて、大事にしている考えや思いなどに目を向けてみるのです。

改めてそう言われると、「自分は何を大事にしているのか?」「どんな考えを大事にしているのか?」など、今まで考えたこともない人が大勢いらっしゃるのではないでしょうか?

「自分を見つめる」習慣

認知の社会にいると、自分自身を見つめるキッカケがほとんどないのが現実です。学校の道徳や倫理の授業でも「○○しなくてはならない」という訓示のようなものはありますが、自分を振り返り、内観して、自分を見つめる機会はありません。

社会に出ると、職場で自分を見つめる時間は特に与えられることはなく、結果、行動、外界を四六時中考えていて、自身について考える非認知的な時間はへたをすると皆無というような日々を送っているのではないでしょうか？

自分自身が大事にしているコトは？

自分自身の生きる目的は？

この答えのない問いに触れることがほとんどないのです。実は「なぜ」や「目的」は存在しているのですが、見つめることがないので、明らかではないというのが真理です。

言語化できなくても、正解でなくても、問題ありませんので、それらは必ず〝ある〟ということで非認知脳を磨き、自己存在感につなげていくことをおすすめします。

答えが大事なのではなく、自身が大事にしている考えや、自身しかない生きる目的のようなものが〝ある〟のだと考えることが大切なのです。

世界的なコーチが提唱する「6つのニーズ」からのヒント

アンソニー・ロビンズという世界的に有名なコーチングの大家が、人が大事にしている感情を「6ニーズ」という形で提唱しています。

人は6つの感情を得ようと、それを原動力に動いているそうです。

その6つとは、次のとおりです。

①安心感
②変化感
③貢献感
④つながり感
⑤成長感
⑥ユニーク感

これらを感じたいというのが、人間の基本的な感情だと言います。そして、この人間共通のニーズのうち、それぞれが大事にしている感情が2つあるとのこと。その感情を得るために、思考や行動の選択をしているわけです。

ちなみに、私の場合、断然、「②変化感」と「⑥ユニーク感」の2つが、大事にしている感情の源泉です。

同じことが続くのはダメで、変化をつくろうとします。慶應義塾大学病院を辞めてしまったり、新しいことを始めたり、引っ越ししたり、プロバスケットボールチームを設立したり、常に人生において変化を感じられていないと、自分らしくないように思えてなりません。

ユニーク感も私の中にある絶対に大事な感情です。人と違うことに喜びがあります。まわりと同じでは、生きる力が湧いてこないと言ってもいいくらいです。

変化を感じ、ユニークさを感じるのなら、エネルギーが内から湧いてくるので、そのためにいろんな行動選択をしていると言っても過言ではありません。

私が慶應義塾大学病院の内科医を辞めて、健康医学のスポーツ医学を選択し、スポーツドクターとなり、応用スポーツ心理学を用いてメンタルトレーニングを専門として独立、今のような活動をしているのは、この感情への欲求によるものだと、改めて思います。

私はこの感情ニーズに基づいた行動で、30年近くやってきました。家内をはじめ、

2人の娘たちにも苦労をかけてきたのは、私の大事にしているこの感情への欲求だったのです。

しかし、なぜその2つのニーズが大事になったのか？　どうしてそんな自分になったのかは不明です。

おそらくそれまで生きてきた人生のさまざまな経験や体感が、それを形成していったのでしょう。それをすべて明らかにすることは困難ですが、自分の中に大事にしているものがあるというのが、私の自己存在感を支えていることは間違いありません。

さて、あなたは自分を動かしているこの6つの感情ニーズの中で、どの2つが絶対に大事だと思い生きていますか？

自身を振り返ってみてください。自身が大事で自分を動かしている感情がわかれば、そこに自己存在感が見えてくるでしょう。

「どうありたいのか」で生きる

自己存在感を持つには、自分のあり方を見つめることです。

自分のあり方を考えることなんてないから、自己存在感が生まれないのです。

自分はいつでもどこでも、どうありたいのでしょうか？

認知の世界に生きると、あり方の「Being」よりも、「何をしなければならないのか」のやり方「Doing」ばかりを考え続けることになります。

ビジネスでうまくいくには、何をしなければならないのか？

いい大学に行くには、何をしなければならないのか？

人に評価されるには、何をしなければならないのか？

試合に勝つには、何をしなければならないのか？

そんなことで脳の中はいっぱいです。そんな中で自分を保つには、結果を出して成果を出して、自己肯定感を高めないと生きていけなくなるわけです。ただ、そこには限界と厳しさがあるのは、繰り返しお伝えしているとおりです。

そこで結果に通じる「Doing」だけを考えるよりも、自分の内側にあるあり方の「Being」を見つめる「非認知脳的思考」が大事になります。

あり方は自分自身そのものなので、時間や場所に関係なく存在しています。

1人でお風呂に入っていようが、お客さん相手に仕事をしていようが、上司や仲間と会議していようが、家族で食事をしていようが、たとえ棺桶に片足突っ込んでいようが、どんなときも、自分はどうありたいのかを自分で考えてみるのです。

自分がしっくりする「Being」

私のトレーニングやワークショップでも、自分のあり方を見つめ、言語化するワークをしばしば行ないますが、なかなか自分がしっくりするあり方に届かないのが現実です。「どうありたい」よりも、「どうしたい」とか、「どういたい」などの話になりがちです。

例えば、「人にやさしくいたい」とか、「みんなを幸せにしたい」などと言う人が多くいます。「そのための自分はどうありたいのか」こそが「Being」です。

私が何年もかかって行き着いた、いつでもどこでも私はどうありたいのかという「Being」をご紹介します。

いつでもどこでも、私は自由でありたいと思って生きています。それは今も家でも仕事中も死にそうになっているときも、自由でありたいと思っています。実際に自由なのかと言えば、身体や時間や行動は自由でないことばかりです。しかし、自由でないとしても、「いつでもどこでも自由でありたいのが私なんだ」ということです。自分でしっくりするものが自分そのものの「Being」です。

正解はありません。自身のしっくり度合いが大切になります。自分がある限り「Being」はあります。「Being」を考えることができれば、自己存在感を自動的に持てるようになってくるはずです。

非認知脳とサウナやキャンプ

自己存在感を持つために「非認知脳」を育むにはどうしたらいいのか？

すなわち、「内観する機会を、この認知的な文明の発展がもたらされた現代社会でどのようにつくるのか？」という命題が残ります。

過去には、文明の発展とともに認知脳の暴走が起こり、社会のストレスが高まるにあたり、人間は、心を守るために外界に絶対的な神を宗教として認知的に生み出してきたのとは別に、内観のための智恵として生み出したのが、ヨガや瞑想や坐禅なのではないかと考えています。

近年、スマホやＡＩの誕生で、ますます認知的な脳が激しく働くマインドレスな世界の中で、マインドフルネスの瞑想がシリコンバレーや外資系組織から流行り出し、ヨガや瞑想も多くの人が改めて興味を持つようになっています。

社会が認知的な仕組みとこのように非認知的な活動とのバランスを目指し始めているのと同じくして、個人の脳も認知的思考と非認知的思考のバランスが求められている時代が21世紀前半の今なのではないでしょうか？

サウナが流行っているのも、現代風のヨガ・瞑想・坐禅なのではないかと推察されます。スマホから離れて認知の世界から一歩置いて、無言でひたすら汗をかいて、何も考えずに自身を見つめる時間なのでしょう。

自然に触れるアウトドアのキャンプが流行っているのも、自然の中で結果や行動や他人から離れて、焚火の火をじっと眺めたり、自然を感じながら、自分を見つめるための機会創出なのではないかと思われます。

自分を見つめられないうちは、自分の中に存在する〝ある〟に気づき、それを持つことができないからでしょう。

己事究明、為人度生

さて、私はスポーツドクターですが、プロスポーツコンセプターとしてスポーツの持つ価値を地方自治体や大学体育会、スポーツチームと協力しながら届けていく仕事をしています。

スポーツは、なぜこの世の中に存在するのか？

前にも少し触れていますが、スポーツは皆、勝つという結果を目指していますが、ほとんどは負けます。それなのに、なぜスポーツは存続するのかという疑問が生じます。

「スポーツの存続価値は勝敗以外のところにある」というのが私の答えです。

その価値は何か？

スポーツは人が耕され、人として心豊かになるための文化であるということです。

日本では、スポーツはまだ体育という考えが強く、体を育てるためのものという発想が残っています。スポーツは、勝敗という結果が問われる認知的な活動にも見えるのですが、本当は文化的な活動で、非認知性を育んでくれるものなのです。

ビジネスマンは仕事がうまくいかなかったときに「原因を探して、対処解決します」と言いますが、アスリートは負けたときに、自分を振り返る傾向が強く、「自分には何ができて、何が足りないのか」とベクトルを自分に向けることが通常です。

そんなスポーツの良さを、私が仲良くさせていただいている野沢龍雲寺の細川晋輔禅僧は「スポーツとは己事究明《こじきゅうめい》、為人度生《ひととなりどしょう》」だとおっしゃいました。

己事究明とは、己の事を見つめ、己の持つもの持たざるものを見つめ、究明し、改善していく活動、それがスポーツだということ。そして、己の事を究明することは、心を整え、自らの責任を果たすことになり、それがチームのために社会のために生きることになるという意味が為人度生と言えます。

「自分を非認知的に見つめ、良いところ悪いところを見ることで自己存在感を持ち、そのことがより良い社会で生きていける」というメッセージがこの言葉にはあります。

本来、スポーツは非認知脳を人間が育むための文化活動なのです。ぜひスポーツをそのような観点から観たり体験していただきたいと思います。

1日に8万6400回のチャンスがある——「今に生きる」

日ごろ、多くの人がＰＤＣＡサイクルを回して過去に囚われ、未来に不安や心配を感じて不機嫌に生きています。日々のストレスの原因は、変えられない過去を引きずり、わからない未来に心を揺らがされていることです。

これらはすべて、認知脳の仕業に他なりません。認知の脳は結果を出すために、情報を過去や未来に求めていくようになっていて、人間だけがこの認知の脳に優れていて、ＰＤＣＡサイクルを回して文明を発達させ、ビジネスを成功させている一方で、ストレスを生み出しているのです。

そこで自分自身の心を整えるためにも、〝今〟を意識するのが非認知的な思考です。今ここそ自分自身のものでもあり、自己存在感の源でもあります。〝今〟という瞬間はいつでもどこでも白紙なので、自分次第で絵を描くことができることが自分そのものの存在と言えます。

1日は24時間、8万6400秒なので、8万6400回の今が存在します。〝今に生きる〟を意識できれば、自分らしく生きるチャンスが日々8万6400回、自己存在感を積み上げられることになります。〝今に生きる〟と考える非認知性は、すべての人にとって自分らしく生きる原点になるのです。

今〝ここ〟の自分ができることに全力を注ぐ――「〝ここ〟の自分」

また、人は結果がきわめて大事な生き物で、じゃんけんですら勝とうとします。コントロールできない結果を大事にする認知脳があるので、それに囚われて不機嫌になります。勝ちたいけれど、必ず勝てるわけではないし、うまくいきたいけれど、必ずしもうまくいくとは限らないからです。

　そこで〝ここ〟の自分が今するべきことに向けて意識させることで、心を落ち着かせることになります。結果に基づく自己肯定感に振り回される認知的世界から自分を脱却するために、今〝ここ〟の自分ができること、自分のするべきことに全力を注ぐという非認知的な意識は、とても役に立ちます。

　自己存在感の醸成には、結果よりも、自分のできることに一生懸命という意識が大事です。このような思考は、ブレない自分をもたらしてくれるのです。今自分ができることに全力をかけることこそ、自分次第ですべてを決められる自己存在の源と言えます。そこには、肯定や否定といった評価は不要なのです。

他者やまわりではなく、自分に意識を向ける——「自分の心を自ら守る」

さらに、認知脳は、外界、特に他者に対して意識が向くようになっています。他者と比較したり、他者の目を気にしたり、他者の評価に振り回されたりしています。他者なくして人は生きていけないのですが、他者に囚われ、他者の存在に揺らぎ、ストレスになっているのが私たちです。そのような中で自己肯定感を高め維持していくのはとても簡単なことではありません。

自分と比べていくと無数の他者には必ずどこかの点で自分より優れていることがあり、自己肯定感という認知的な概念の中では心にストレスが生じ続けてしまうのです。

そこで〝自分〟と自ら意識させる非認知的思考を大事にして、他者に振り回されがちな自分の心を自ら守るようにするのです。

「今ここ自分」で生きると、思わぬギフトがやってくる

「今」「ここ」「自分」――。

この3つの合わせ技のような言葉で、ストレスから自分を守り、ご機嫌のための非認知的な思考が「今ここ自分」になります。

「今ここ自分」を日々意識して、自分の心を整え、ご機嫌に生きましょう。自分の機嫌は自分で取っていけるという体験と経験は自己存在感を自ら育むことにつながっていきます。

そして、「今ここ自分」を大事にすると、心が整うだけでなく、さらに良いことが人生にやってくるようになります。

今を大事にしてご機嫌で過ごすことができれば、実は過去をよりよく見ることがで

き、未来はより輝くようにイメージしていけるようにもなるのです。〝今〟を意識して心をご機嫌にして生きれば、過去や未来ともよく付き合えるようになるというわけです。

さらに〝ここ〟を大事にすれば、結局のところ心を整えてするべきことをしていくことにつながり、そのことがいい結果をもたらすことになるのです。結果を導くパフォーマンスは、ご機嫌でやるべきことを実行することで構成されているので、〝今〟〝ここ〟と意識していることは、おのずと結果にもつながるわけです。

そして、自分を大事するように〝自分〟と意識して考えることは、自らの心を整えるので、他者に対してもやさしくなり、思いやりも持つことができ、結果的に関係の質が高まることになります。自分を意識して自分を大事にすることは、実はまわりの人を大切にすることにもなるわけです。

ということで、「今ここ自分」を意識して自身がご機嫌でいることは、あらゆる人生を好転することにもつながります。

「今ここ自分」の非認知的な思考を磨くことは、自己存在感を醸成し、自身の心を豊かにできるだけでなく、さらに人生を豊かにして、結果として、自己肯定感や自信をももたらすことになります。

まずは自身の思考を磨くこと。「今ここ自分」と日々の生活で意識することは、例外なく誰でもできることです。それこそが本書でお伝えしたい人生の質を高めて生きるための大切なコツです。

非認知性を育むトレーニング

自己肯定感にしがみつく認知的な思考だけでなく、自身を大事にする非認知的な思考を育み、自己存在感を持って生きることは、どんな人にとってもきわめて大切なことです。それは、唯一無二の自分を見つめ、今ここ自分自身として生きていくことでもあります。

ここからは、認知的な自己肯定感呪縛から脱出して、自分らしく生きるスキルを手に入れた人たちの事例をいくつか紹介したいと思います。

【事例1】クラシック演奏家

音楽大学大学院まで卒業してバイオリンの実力もありながら、自分らしい演奏ができず、いつも心が乱れていた女性です。

学歴も実力もありながらなかなか自信を持てずに自分らしく演奏できない状態でした。まさに自己肯定感呪縛によって認知が暴走しているので、いつまでも自信が持てないでいました。

そこで相談に乗ることになり、非認知的思考のトレーニングを定期的に行なうようにしました。

なぜ自信を持てないのか？

その原因は、自分自身の脳の中で認知的な思考が自分にストレスを生じさせているのだと気づいてもらいました。認知脳が、いつも不足やダメという自己評価が低い自分を、生育歴の中から培っていたのです。

自分への気づきを習慣にしていくと、外界に目を向けて生きて来た中で、自身の中にも〝ある〟が存在しているのだとわかるようになり、徐々に自分らしい演奏ができるようになっていったのです。さらには、自分の中にある心の価値、特にご機嫌の価値を大事にできれば、まわりに振り回されて苦しむこともなくなります。

今でも認知が暴走して自己肯定感の世界に行くこともありますが、自分からその世界から脱出して、非認知的思考で自己存在感の世界で生きられるようになっています。

【事例2】保険会社のトップ営業マン

保険会社の営業マンで、常に日本トップの成績を上げているビジネスマンです。

結果が出ているにもかかわらず、いつも心は苦しく、ストレスの海で溺れそうになっていました。「結果を出し続けなければならない」「営業で一番の成績を出さないといけない」という認知の暴走が起きていました。まさに、これこそ自己肯定感の呪縛と言えるでしょう。

「結果を出して自信をつける」という結果から始まる認知的な状況、あるいはまわりの期待に応えるという肯定呪縛の状況でやってきたのです。そこで、非認知的思考で、まずは自分を大事に、自分の心を整えることを優先していきましょうと話し合いました。

自分の心がワクワクすること、自分が楽しいと感じることを優先し、心を整えた上ですることをすれば、それにふさわしい結果がやってくるのだ、と。

自分の心をまず大事にすること、すなわち、「自己存在感を育めば、結果は後からやってくる」という発想です。それ以後は、全国一番ではなくても、常に上位にいながら、自分らしく仕事をしていらっしゃいます。

【事例3】オリンピックを目指すアスリート

私はたくさんの競技のアスリートをサポートしています。

さて、大きな問いが私たちの前に存在しています。

勝てれば、自信をつけて自分らしくなるのか？

自分を信じて自分らしくやれば、勝てるのか？

前者は、認知的な自己肯定感主義の考え方、後者は非認知的な自己存在感主義の考え方です。


どんな競技でも、負けるために競技をしているアスリートなどはいませんが、勝つという結果はコントロールできないもの。その結果を生み出すためのパフォーマンスは、「何を」×「どんな心」の2つの要素なので、実は自身の心をまず整えることは結果を出すことにつながります。

一瞬、結果を手放す不安や怖さがありますが、実は非認知性を高め、自身を先に大事にすれば、結果はついてくるということなのです。

つまり、心の価値を高めることで強くなるアスリートたちがたくさんいます。自分への気づきを高めてプレイに安定感が出るアスリートもいます。自分の目的を明確にして、ブレずに結果を出せるようになるアスリートもいます。「今ここ自分」を意識して目標を達成したアスリートもいます。

スポーツは勝ち負けがはっきりしており、結果につながり、比較されやすい人間活動なので、自己肯定感の思考になりがちですが、実は強いアスリートほど、非認知的思考により自己存在感を重視しています。それに気づけないと、勝てないからです。

【事例4】ホワイト企業経営にシフトした企業

私は、ホワイト企業大賞の企画委員しながら、企業のサポートをさせていただいています。

ビジネスも結果を問われる認知的な人間活動です。そして、企業内はヒエラルキー構造が強く残り、その中で結果を出さないといけない社会なので、認知の暴走が起き、ストレスを抱えやすいのです。

そんな中で自己肯定感を高めないといけないのは、明らかに厳しいと言えるでしょう。多くの企業では、経営陣もそこで働いている人たちも、そんな中で苦しんでいます。そこで、成功体験を積んで自信をつけていくのは、やはりどうみても難しい。ですから、違う視点の経営が重要になります。

ホワイト企業大賞企画委員の考えでは、すべての人が働きがいや幸せ感を感じる企業をホワイト企業として表彰しています。一人ひとりがそれを感じイキイキのびのび働くことを大切にした企業経営は、生産性も高く、経営持続性も高いと言われています。

ホワイト企業大賞の天外伺朗氏を中心にした企画委員では、成功より成熟を目指す企業を応援しています。認知的な自己肯定感にすがる企業ではなく、非認知的思考による自己存在感への基盤に働く人と企業を応援しています。

一人ひとりが幸せを感じる企業は、まさに自己存在感重視の経営に他なりません。幸せを感じるのは、条件ではなく、自身を見つめ、そこの〝ある〟に気づいて生きていくことによるものなのです。自身の目的、あり方、感情や思いなどを大事にできれば、それは仕事だけでなく、生活や人生にも通じるものなので、それに基づく幸せ感は安定感があります。産業医として多くの経営者やそこに働く人たちの自己存在感に向けてサポートする日々です。

【事例5】ノーマライゼーションによる社会づくり

厚生労働省では「ノーマライゼーション」という言葉を次のように定義しています。「障害のある人が障害のない人と同等に生活し、共にいきいきと活動できる社会を目指す理念」

この理念を基に「海から陸へのノーマライゼーションの社会づくり」をミッションにしたNPO法人Ocean'sLoveがあります。私はアドバイザーとしてかかわらせていただいています。

このNPOでは、障害のある子どもたちの笑顔・成長をサポートし、市民の方々に障がいへの理解を深めてもらうために、3つの活動を行なっています。1つはサーフィンを通じて知的障害・発達障害の子どもたちの笑顔を生み出す活動、2つ目は障害児たちの就労支援事業、そして3つ目がノーマライゼーションの社会に向けてのセミナーです。

ノーマライゼーションの考えは、日本語にするのは難しい概念ですが、その考えの根底にあるのは、すべての人に機会のイクォーリティEquality（平等）がある社会です。そのために大事なことは、一人ひとりが自己存在感を感じる世界です。認知的に比較や肩書き、レッテル、優劣、正誤から生み出す自己肯定感を目指しているうちは

Equality などは生まれません。

このNPO代表のモデルでサーファーで家族に障害者を持つアンジェラ・磨紀・バーノンさんは、その社会を実現するには、自分を大事に、自分を愛することが最も大切だとおっしゃっています。

それは、決して成功体験によって生まれる自己への肯定ではなく、どんな体験でもいいので、すべての体験を通じて、無条件に自分を愛することです。自己存在感は誰でも持てるはずのものなので、多くの人が自己肯定感呪縛から解き放たれ、それができれば障害などのすべての壁を越えて、ノーマライゼーションな世界が生み出されるはずです。

自己存在感の考え方は、これからの社会には必須な考え方です。自己存在感はメジャーやマイノリティなどあらゆる障壁、障害、分断、ギャップを超えて、すべての人の心を豊かにして自分らしく生きるための発想です。

自己肯定感を追いかける認知の時代はもう終わりです。それがこれからのダイバーシティ&インクルージョンの世界へとつながっていくのです。

【事例6】ユース世代の保護者へのアプローチ

Jリーグのユースチームや全国展開しているダンススタジオの若い子どもたちの保護者向けの定期的なセミナー依頼が、近年とても増えています。セミナーの内容は、子どもたちが成功するための保護者としてのサポートではなく、サッカーやダンスを通じて、子どもたちが自分らしく生きていけるための保護者のあり方という内容です。

子どもたちは皆、Jリーガーであったり、芸能界を目指しています。

しかし、その成功という結果の確率はきわめて小さなものです。何人に1人がJリーガーになり、芸能界にデビューできるでしょうか?

皆ライバルであり、試合やライブ・発表会では、仲間でもある中で自分を見失わずに過ごしていくのは難しいのです。そこでがんばって我慢しても、唯一のよりどころとしている子どもたちが社会にたくさんいます。中にはストレスが高く、心が折れたり、好きなはずのサッカーやダンスが嫌いになってしまうこともあります。

そんなときに成功体験を積んで自己肯定感を持たせることだけが子どもたちに提供する解だとすると、その答えを手に入れることのできる子どもたちはどれほどいるのかと言えば、決して多くはないはずです。

保護者として子どもたちに伝えないといけないことは、非認知的な思考による自己存在感の大事さとすばらしさです。どんな結果であろうと、あなたはあなたで、人と比べることなく、あなたには価値があり、あなたの中に〝好き〟や〝思い〟があるだけですばらしい、どんなことがあろうとも、あなたのことを信じているよ、と声をかけているのかどうかで、子どもたちの自己存在感の育まれ方に違いが出てきます。

これだけの競争の世界にいて、すべての子どもたちに自己肯定感を育むのはどう見ても限界があります。子どもの未来のためにも、自己存在感へのアプローチが大人たちの責任だと言えるでしょう。

【事例7】高校生のための企業を巻き込む取り組み

私は、オンラインアプリを使って全国の高校生の勉強をサポートしている企業と、勉強を通じて主に学ぶ認知的思考だけでなく、自己存在感を高めるための非認知的な思考を学べる機会を提供する試みをしています。

ドラマでも注目された「ドラゴン桜」をご存じでしょうか？　三田紀房先生の原作マンガを阿部寛さんが主演をしてドラマ化された番組です。

自己肯定感を持てない高校生たちに、自己存在感の持ち方を伝え、実際に人と比べる必要などなく、自分らしい自己存在感を育むことになるストーリーです。最終的に、自己存在感を持つことで奇跡を起こして、東大に合格という結果を出した生徒もいれば、東大合格を逃したものの、本来の自分を取り戻し、自分らしく生きることを知る生徒もいます。仮に結果が出なくても、自己存在感を持つことのすばらしさを私たちに伝えてくれます。

高校生たちの自己存在感を育むために、阿部寛さんが演じる弁護士桜木は、子どもたちにさまざまなメッセージを与えます。それこそが本書で述べた非認知的思考のさまざまな表現と言えるでしょう。

◎「自分の好き」を大事にすること。
◎人と比べる必要はないこと。
◎自分のなぜという目的を見つけるべし。
◎自分の思いを大切にすること。
◎「自分を信じる」がまず重要であること。

これらを高校生たちと一緒に体感しながら伝えていきます。

私たちも、高校生に対して通常の認知的な授業ではなく、自分の好きなことを見つめたり、自分の楽しいと感じることやワクワクすることを考えたり、自分の機嫌について考えたり、自分の一生懸命やったことを話し合ったり、目標の源にある自身の目的を見つめるといった授業を提供しています。

高校生たちがどうなっていくのかは、まだこのプログラムを提供して初年度なのでわかりませんが、これからがとても楽しみです。

認知的な大人の社会に出る前に、子どもたちが非認知脳を育む機会を得る環境が必要です。子どもたちへの自己肯定感の押し付けは、どう見ても、未来の社会に輝きはないと言えるでしょう。

【事例8】小学生のための大学ごきげん学部

さらに年齢の低い小学生の子どもたちへのアプローチを、ナナカラ大学ごきげん学部として平昌オリンピックのアイスホッケー代表、岩原知美選手とともに行なっています。「成功体験を積むよりも大事なことがある」ことを子どもたちと対話しながら体験してもらいます。

小学生が学校では習わない「非認知脳を育てる」学部です。他では学べないことを学ぶということで、大学と呼ぶそうです。学部の主な目的は、次のとおりです。

◎子どもの自立性を育てる。
◎柔軟でしなやかにやりきる力を育てる。
◎豊かな感性を育てる。
◎心身ともに元気な子どもを育てる。
◎自己存在感のある子どもを育てる。
◎人間関係を豊かに生きる力を育てる。

これらの目的に賛同された保護者の方が月1回のこの授業に全国からオンラインで子どもたちを参加させてくださっています。小学校の道徳や保健、倫理とは違った内容になっています。

高学年でのプログラムは、次のとおりです。

第1回「心って何だろう？」、第2回「ご機嫌について考えてみよう！」、第3回「好きを大事にしよう！」、第4回「感情って何だろう？」、第5回「イメージの練習をしよう！」、第6回「自己紹介をしてみよう！」、第7回「一生懸命は楽しい！」、第8回「自分の考えを言葉にしてみよう！」、第9回「表情と態度が自分のための道具！」、第10回「目的についても考えてみよう！」、第11回「感謝が何よりも大事！」

低学年では、同じような内容を短い時間でさらにわかりやすく一人ひとりに語りかけて語り合います。

この授業に参加した低学年の女の子のお母様が、次のような感想をくださいました。

「うちの娘は無口な子どもなのですが、自分の心が大事で、まずは楽しくやるんだと自ら家の中でも言うようになったり、学校の理科の授業でも、『何事も笑顔でやりたいと思います』と先生に答えた感想文を書けるようになり、成熟を感じます」

成功体験など積まなくても、子どもや人は、自身の価値を感じ、自分の存在を持って生きることができるのです。それは、外界や結果と関係のない生きる力であり、それにより誰もが地に足を付けて生きることができます。

【事例9】パラリンピアンの葛藤

先述したとおり、私は多くのアスリートをメンタルサポートしていますが、その一人に視覚障害の富田宇宙選手がいます。2020東京オリンピックでは、競泳で銀2つ、銅1つを獲得してメダリストになりました。

メディアより大会前から、そして今も「目標は何？」「金メダル、目指していますか？」「ライバルの木村選手をどう思いますか？」と認知的に自己肯定感に抵触する質問ばかりを浴びせ続けられます。

金メダルを本気で目指していない自分、金メダルを獲れなかったら、自分はどうなんだろうと、自己肯定感爆下がりの状態で、パラリンピックの数カ月前に私のところに相談に来ました。

そこで、目標だけでなく、自身の中にある目的のエネルギーの話をしました。追いかける原動力ではなく、内発的動機に基づく、力強い生き方がある、と。

以後、自己存在感を取り戻し、自分らしく戦うことができ、充実した大会になりました。

「今ここ自分」「できることに全力」「一生懸命を楽しむ」「ご機嫌の価値」を大会を

通じて意識していたそうです。

金メダルを獲った木村さんに心から「おめでとう」と言う自分がいたとのことでした。

彼の「目的」はパラリンピック競技を通じて、違いをお互いに受け入れ合い、自分のあるままでいいのだという自己存在感を感じ、他者にも寛容な社会をつくっていくことだそうです。

パラリンピックが終わった今も、自分自身の中にある使命を基に、今の認知的な自己肯定ハラスメントの社会の中で活動していくと語ってくれています。

障害者の立場になったパラリンピックアスリートとして、私と同じように現代の認知脳の暴走の自己肯定感至上主義の社会に対してメッセージを送り続ける姿に、勇気を感じます。これからも応援していきたいと思います。

第5章

生育歴が大きく影響する

「指示」の声かけの功と罪

人間の「生きる」を構成している要素は2つです。「内容」と「質」です。内容とは、何をしているのかという行動。質とは、それをどんな心でやっているのかで決まる要素です。

すなわち、生きるは「何を」×「どんな心で」で成り立っています。

1秒も1人も、その例外はありません。子育ては、この2つの点で「生きる力」を引き出し、伸ばしてあげることです。

「何を」のための声かけを「指示」と言います。

指示は、結果のための外界を配慮した行動の内容なので、認知的と言えます。「具体的に」「明確に」「厳しく」という原則があります。赤信号はルールであり、命の危険もあるので、「渡ってはいけない」と教える部分です。子どもが大人になるために、この「何を」を実行できるようになるため、さまざまな認知的アプローチがあります。この部分を学習していかないと、認知的な社会に出たときに困ります。

しかし、この認知的なアプローチは、結果と外界に囚われた部分なので、一人ひとりの個性や自分らしさを伸ばしていくことに限界があります。まさに、今現在の教育は自己肯定感への導きは強く、一方で自己存在感を育むことが疎《おろそ》かになってしまいます。

そこで、子どもたちは、いつも苦しく、ストレスを感じているのです。それは、ひいては、いじめや誹謗中傷などを引き起こすことにもなりかねません。

「支援」の声かけ――自己存在感を育む声かけとは?

子どもたち一人ひとりに、まわりと比べることなく、まわりの評価ではなく、自分であっていいのだという声かけが重要です。

それぞれの子どもたちが「どんな心で」という「質」の部分を持って生きています。その心の部分は、皆自由で、感じ方も皆違います。その心の感じ方を受け入れ、そこに配慮した声かけを「支援」と言います。支援の声かけこそ、非認知的思考に基づくものです。

子どもが家に帰ってから声かけするとき、ほとんどは認知的です。食事をしながらの会話もそうかもしれません。

「今日は何をしたの？」↓行動
「何があったの？」↓外界
「どうなったの？」↓結果
「昨日も言ったでしょ」↓過去
「明日の宿題やったの？」↓未来

「○○ちゃんはしっかりしているんだから」↓他人

このような認知的な声かけになっています。その中で「成功体験を積んで、自己肯定感を高めないといけない」と、親は子どもたちに迫っているのです。

一方で、

「あなたは何を感じたの？」

「あなたは何が好きなの？」

「あなたはなぜやりたいの？」

「あなたが一生懸命できることは何？」

「あなたはなぜそう考えるの？」


というような自分の内側にある、自分の自己存在感を育むような声かけがされていません。

特に、「自分の感じていることが受け入れられた」という体験が重要です。子どもはさまざまな感情を抱きます。そのさまざまな感情を、親がすべて同意したり、共感したりするのは無理でしょう。

大事なことは「agree より understand してあげる」こと。

どんな感情や考えも understand されてきた子どもの自己存在感は、確実に形成されます。これは、人間の生きる尊厳でもあり、自身の自由を感じるためのものでもあります。Understand の「わかった」という声かけがとても大事です。

これらの声かけは、非認知的思考に基づく「支援」のアプローチと言えます。

一緒に会話・対話して、体感しながら気づかせる

子どものころから自己肯定感追求型の認知的な声かけだけで育っていくと、自己存在感を感じるキッカケを喪失してしまいます。

どんな子どもも、苦手な部分やダメな部分やマイノリティや劣等になる部分を持っています。でも、それらは認知的な評価に過ぎないので、それとは別の、その子どもにしかない部分の自己存在感につながる心の部分を育んであげる必要があります。その感覚を子どものころに養っていかないと、大人になってから苦しむことになります。

自分の内側という存在、自分の心や感情という存在、自分らしさという存在、自分のオリジナリティという存在があるのだと、早いうちから気づかせてあげることが大切です。

指示のように教えるのではなく、一緒に会話・対話して体感しながら気づいていくものです。認知の世界には「成功」という指標がありますが、自己存在感につながるのは、評価や比較のいらない「成熟」という、自分の中にある価値に重きを置けることではないかと思うのです。

「成功依存型の子育て」から「成熟を重んじる子育て」へ

「成功依存型の子育て」から「成熟を重んじる子育て」にシフトしていく必要があります。文科省によって定められたカリキュラムと大学受験という仕組みの中では、どうしても認知優先の思考になっていくので、これからの将来を担う子どもたちを守り育むためにも、親の一人ひとりがＢＸ（ブレイン・トランス・フォーメーション）を起こしていくことです。

成功体験という認知的縛りの中にいる限り、過去を引きずり、社会の比較の中で生きていかなければなりませんが、自己存在感に気づくことができれば、今ここで自分の人生を変えることができます。それがすべての子どもたちに可能なのだと伝えることが、大人の大きな役割なのではないでしょうか？

子どもたちのためにも、本書を読んでいただいたあなたから、一緒に非認知的思考に基づく自己存在感の世界へとトランスフォームしていきましょう。

「一生懸命を楽しむ」ことができるか？

大人になると認知的な世界で認知的に生きるので、「遊ぶ」という発想がなくなります。何をするにも、「その意味は？」「その成果は？」などが重要視されて、成功・成果だけが原動力で生きるようになります。と同時に、「一生懸命を楽しむ」という感覚が鈍磨していきます。

人は本来、「一生懸命を楽しむ」という遺伝子があると言います。子どものころは皆それができていました。公園で泥ダンゴをこねたり転がしたりしているだけで、楽しかったのです。ところが、大人が「そんなことやって、何の得になるの？」と声かけしてしまい、その芽を摘んでいきます。結果や成功による楽しさのほうにシフトさせてしまうのです。

一生懸命は、自分のオリジナルです。一生懸命かどうかは、すべて自分次第、自分で決めることができる生き方です。「それが実は楽しい」とわかっている人は、自己存在感を自ら持てるというわけです。

「一生懸命を無理やり楽しめ」ではなく、「一生懸命は楽しい」を体感としてわかっていることが重要になります。そのためには、やはり子どものころに「一生懸命は楽しいことなんだ」ということを、認知的な知識ではなく、自らの体験を持って感じていることが、人生を大きく左右します。

スポーツで言えば、日本のジュニアの育成は、結果の喜びを早くから教えようとします。まさに成功体験主義です。

「勝つ喜びを教えて、勝ちを目指す意欲を育てる」ということです。しかし、いつも勝てるわけでなく、勝てると決まったわけでなく、だんだん勝てなくなり、意欲のつくり方を失っていきます。合言葉は、「勝つために頑張る」「勝ちたかったら頑張れ！」

となっています。

それは、認知的で外的プレッシャーでしかありません。ジュニア時代に最も大事な声かけは、「一生懸命を見つけて、それが楽しいと体感させる」ことです。

海外のスポーツのジュニア育成は、それを徹底しています。アメリカのバスケや野球、ブラジルやイタリアのサッカーをはじめ、あらゆる競技で一生懸命の楽しさを徹底的にコーチは指導しています。その一生懸命は、大人が評価する定義のものである必要はなく、子ども自身がまず考える一生懸命でいいのです。一方、日本は、ジュニア時代には勝つための戦略を気合いと根性で遂行させられているので、将来にわたって伸びることが少なく、大人になるほど、海外との差が生じていきます。部活のスポーツは、その典型かもしれません。一生懸命こそ、すべての人の自分のものだと言えるでしょう。

「遊び感覚」が質を高める

人生も同じです。自己肯定感主義ではなく、自己存在感の源の1つ「一生懸命の自分は楽しい」というエネルギーで生きましょう。

ここで、「プレイハード」という考えをおすすめします。「一生懸命は楽しい」ということです。

プレイ「スポーツ」ハード、プレイ「ビジネス」ハード、プレイ「ライフ」ハードです。人生もビジネスも、まずは「一生懸命は楽しい」と考えてやっている人はブレません。一生懸命は自分次第で、それが楽しいとわかっている生き方だからです。

プレイは「遊ぶ」という意味もあります。「遊び」に成果はありません。楽しいということが第一義です。公園で遊んで今日の成功は何だったのか議論しません。

「遊ぶ」の発想を持っている人は、成果に縛られていないので、自己肯定感呪縛には陥りにくいと言えます。私を含めて日本人は総称すると、一般的にまじめなので「遊ぶ」という感覚が苦手で、ふざけていると考えがちです。

それは「ご機嫌でやろう」への解釈にも似ています。ご機嫌は、やることやらずにふざけている「怠け者」という印象があります。

子ども時代にしっかりと体感しなければならないのは、「どうせやるなら、遊び感覚で楽しんだほうが質が高くなる」「せっかくやるなら、ご機嫌で取り組んだほうが充実する」ということです。

その原体験は、大人になってからも、「どんな心で」という質を重んじる非認知的思考を身に着けることにつながります。体感が価値となって、自身の中に形成されていくことが、その後の人生を真に豊かにします。

自己存在感を育む試み

子どものころに、「ご機嫌の体感」をトップアスリートたちとの対話で経験するという〝ごきげん授業〟を、私が代表理事を務める一般社団法人Dialogue Sports研究所（通称Di-spo）で展開しています。ラグビー廣瀬俊朗、ブレイキン石垣元庸、水上スキー廣澤沙綾、ラクロス小堀宗翔、フットサル北原亘らを理事とし、日本代表クラスのトップアスリートたち、現在40人が〝ごきげん先生〟となって、子どもたちに非認知的な対話を通して、子どもたち自身の中にご機嫌の体感を感じてもらいます。「自分の考え方次第でご機嫌な心はやってくる」ことを実際に体感してもらい、価値として自身の中に残します。それこそが自己存在感の体験授業になります。

アスリートたちが「夢を叶えよう」「目標を達成しよう」「成功体験を積もう」と働きかけても、それは認知的でみんながみんな心豊かにはなれません。それこそ、自己肯定感を高める授業になってしまい、実際は子どもたちには「自分でいいんだ」という体感は得られません。

「みんなが平等に、自分のご機嫌を自分の思考や対話で導けるのだ」という自己存在の価値は、何ものにも代えがたい貴重な経験です。この経験は、子どもたちの感情記憶として、脳の中に残り、自己存在感の源となっていくのです。

「褒める」は、なぜ自己存在感を育まないのか？

「褒めて子どもを伸ばそう」という発想が蔓延しています。

「褒める」のは、結果に依存しがちですし、さらには、褒められる他者への依存にもつながります。「○○さんに褒めてもらうために、結果を出さないといけない」というような考えです。

それが、親や保護者になると、子どもはますますその考えの基に人格を形成していくことになるでしょう。それこそが親子でつくり出す自己肯定感呪縛ファミリーになります。

「褒める」は、実は人をダメにしていく認知的なアプローチです。怒りで人を動かすのも、褒めて人を動かすのも、相手を自分に依存させていくやり方です。あの人に怒られないように顔色をうかがい、あの人に褒めてもらうために頑張るという呪縛の構造です。自分らしく伸び伸びと、そしてイキイキと生きていくことにはなりません。

自己存在感を育む、最強の声かけ

子どもや相手の自己存在感を育むすばらしい声かけは、感謝の言葉です。その人がどんな思考で、どんな感情で、そして、どんな行動でどんな結果であっても、まず「ありがとう」と言われている子どもは、間違いなく自己存在感を感じて育っていきます。

もちろん、行動になるほど正誤も伴いますので、そこに指示の要素はありますが、行動にも「ありがとう」があれば、さらに自己存在感は磨かれるでしょう。

どんな結果でも、一生懸命やったり、目的を持って臨んでいたのであれば、それにも「ありがとう」の声かけ1つで、自己の存在につながります。

結果はもちろん、OKなときもダメなときも、達成のときもダメなときもあります。しかし、それにかかわる自分自身の存在そのものや自分ができることに感謝されていれば、自分の存在を感じ、それをまた、自身の努力で全力を尽くそうとします。

それが、自己存在感に基づく内発的な生きる力です。存在そのものにありがとうの声かけが、自己存在感を大きく育てるのです。

「褒める」と「感謝」の大きな違い

「ありがとう」も他者から来る言葉かけですが、「褒める」と「感謝」は何が違うのかというと、褒めるには評価が、感謝には無条件の愛があるので、受け手の感じ方が違うのです。感謝を通じて無条件の愛を受けていることが、自己存在感の源泉になります。

誰もが次第に認知の世界に誘われ、結果や評価による自己肯定感に呪縛されていきます。だからこそ、子ども時代に可能な限り、保護者や親から自己存在感の芽となる感謝や愛を感じておくことが重要です。

何よりも、「生まれてきてくれてありがとう」「今ここにいてくれてありがとう」には、評価などなく、自分の存在そのものへの価値を感じていくのです。それこそが、代えがたい体感・体験となって自己存在感が育まれると言えるでしょう。

「応援」と「期待」を混同してはいけない

無条件の愛につながる発想こそが「応援」です。応援は見返りのないエネルギーです。一方で、愛と勘違いして「期待」を振り回すことがしばしば生じています。期待とは、勝手な結果という枠組みを当てはめて、それを愛だと勘違いしている思考です。「期待している」と言われて育つ子どもは、親の思考の枠組みで育ち、結果を出すことでその期待に応えようとします。期待されているほうもプレッシャーだし、期待しているほうも勝手な枠組みどおりにいかないと、怒りの原因にもなりかねない思考です。

期待思考で育てば、当然のごとく自己肯定感への執着が生まれ、常に苦しくストレスフルな人生を歩むことになるでしょう。応援思考は、結果に関係なくエネルギーを与えられているので、それだけで自己存在感を子どもは感じます。

親の目が期待なのか、応援なのか。それは、子どもが感じ取っていく世界なので、親が応援のつもりだと言っても、子どもが期待と受け取っていたら、自己存在感は育まれないでしょう。それは、上司部下の関係でも、コーチ選手の関係でも、同じです。

自分らしく伸び伸びと生き抜いていくには、今のような自己肯定感至上主義の発想から脱却しなければ、それは実現不可能です。視点を変えて、認知的な思考、認知的な声かけに慣れきってしまった私たち自らが、自分、心、質といったものへの非認知的思考を新たに習慣として身に着けていかなければ、豊かな社会は永遠にやってきません。

難しく感じるかもしれませんが、慣れていないだけであって、非認知的思考は、誰にでもできるものです。本書をきっかけに意識改革していただければ、必ず新しい自己存在感の世界が見えてくるでしょう。

認知的思考の世界は、実は単なる進化した動物の社会であって、真の人間としての世界は非認知的思考を有した文化的社会と言えるでしょう。そんな世界にいなければ、人は疲弊して人間らしさを失っても当然なのです。

今からでも誰でも大丈夫！

子どものころの成育歴が、自己存在感を持って生きる上で重要な役割を持つことを、この章で述べてきました。

成育歴がきわめて大切なのは間違いありません。ということは、大人はBXしていかなければ、子どもたちにそのような体感や経験を持たせることは不可能になります。大人が自分自身の成育歴を嘆くのではなく、未来の子どもたちのために、私たち大人が非認知的思考獲得にシフトチェンジしなければなりません。今からでも誰もが可能です。

シフトチェンジする順番を1つずつ追ってみていきます。

①気づく

まず自分自身が気づくことから始めなければなりません。

気づきの初めは、「自分が自己肯定感主義に陥っていること」「認知脳が暴走していること」「自分自身が結果・行動・外界に囚われていること」「評価や比較で生きていること」などへの気づきが重要です。気づくことで、認知脳の暴走は少しは鎮まるでしょう。逆に気づくことができなければ、どんどん暴走してしまうことになります。

この気づきこそが、非認知的思考の始まりと言えます。

②自分の内側に脳の意識を向ける習慣

そこでさらには、自分の内側に脳の意識を向ける習慣をつけます。

「今の自分の感情はどのようなものなのか?」「自分はどうありたいのか?」「自分の目的は何なのか?」「自分は何が好きなのか?」をちょっと落ち着いて見つめてみてください。自分を見つめるようになると、今まで見えなかったものが少しずつ見えたり、認知脳だけでやりくりしていた今までとの違いを感じたりするようになってきます。

それが、自身の脳のトランスフォームへとつながっていきます。そのことが、自分自身の自己存在感を芽生えさせることにつながってきます。

③非認知的思考を繰り返し使ってスキル化

自己肯定感に縛られていた自分と違う脳を使うようになった自分は、感じ方に別人ほどの違いがあります。その状態の心地良さを感じることができれば、そこに価値が生じて非認知的思考の働く、自己存在感を基にした生き方が次第にやってきます。

脳の中に思考のスキルができることは、新しい語学を身に着けていくことと似ています。理屈を理解しているだけでは習得できないので、実際に新しい言語を使っていくことで、初めて脳の中にシナプスが形成されて自分のものになっていくのです。外国の方の話している内容が、なぜか急にわかるみたいな経験です。

この脳の思考も繰り返えせば繰り返すほど、スキル化されていきます。

④非認知的思考の仲間をつくる

そして、同じように自己存在感によって地に足を付けて生きることに価値を持つ仲間がいると、対話の中でお互いに思考しやすくなり、スキル化が加速します。

残念ながら、この社会には認知的に自己肯定感を追い求め、ストレスを感じている人がほとんどかもしれません。

しかし、必ず「ＢＸしていきたい」という同志が近くにいるはずです。家庭内かもしれませんし、社内かもしれませんし、何らかのコミュニティの中にいらっしゃるかもしれません。

残念ながらまだそれはマジョリティではないかもしれませんが、必ずあなた以外にも近くにそのような感度を持った仲間がいるはずです。自身が非認知的思考を磨いていけばいくほど、仲間は見つかるでしょうし、仲間が集まってくるものです。

自己存在感を持った自分らしい生き方をしている人々であふれる社会を、心から願っています。本書が少しでもその役に立つことを願っています。皆さんは、私の仲間でもあります。

終　章

「あとがき」に代えて、本書のまとめ

認知的思考の「自己肯定感」、非認知的思考の「自己存在感」

これまで述べてきたように、私たちは自己肯定感の呪縛に苦しんでいます。その背景には、認知的思考による支配があります。

肯定感は評価なので、「評価を変える」とか、「より高く評価する」ということにはかなりの無理があります。

社会は認知的な思考で覆われていて、まさに「自己肯定感を高める」というのは、その典型の王様のような思考と言えるでしょう。

本書では、「自己肯定感を高める」という認知的思考から離れて、「自己存在感を持つ」という別の視点の思考を持ちませんかと提案してきました。

自己存在感は持つものなので、そこに評価は必要ありません。それは自分の中にある、〝ある〟を見る非認知的思考をすれば、それぞれの人が自然と自己存在感が持てるようになります。

自己肯定感を高め続けるためには、エネルギーを必要としますし、評価の発想が背景にあるので、比較しながら肯定するという苦しさが生まれてしまいます。

非認知的思考では、いつでもどこでも、自分の〝ある〟を大事にする思考なので、評価や比較の必要がなく、自身の輝きを維持することができます。

禅の世界に「回向返照《えこうへんしょう》」という言葉があるそうです。「外にばかり光を求めず、すでに自分の中にある光を自分の内面を照らし返してください」というすばらしい教えです。まさに、本書でお伝えしたい非認知的思考のことだと思います。

認知的思考の社会だからこそ、非認知的思考を意識しよう

認知的思考と非認知的思考の違いを、改めて図にまとめました。

認知的思考は、外界に向いた思考であること、それにより結果や評価を大事にしている思考です。通常、この思考が育まれるような教育が、家庭、学校、社会でも行なわれていて、私だけでなく、皆さんも気づけばこの思考で生きています。

その結果、自己肯定感を高めにくく、一方で社会全体では「高めなければならない」「低いのはダメなんだ」という概念に脅迫・ハラスメントされていると言っても過言ではない状況です。本書のタイトルにもなっている「自己肯定感ハラスメント」です。

一方、非認知的思考は、内側、すなわち自分自身や自分の心に向けた思考で、本来は「人間が自分らしく生きていくために大切な思考」なのですが、学校の倫理や保健や道徳の授業では、なかなか教わることが少ない思考です。

この思考を意識できていれば、自己肯定感を高める必要などなく、それぞれの存在を感じ、それぞれが自分らしく生きていけるようになります。

「認知的思考」と「非認知的思考」の違い

自己肯定感	自己存在感
認知的思考	**非認知的思考**
高める	持つ
目標	目的
夢	志
がんばる	あるがまま
得意	好き
出来事	感情
比較	自分
Doing	Being
不足	ある
自信	信じる
褒めてあげる	わかってあげる

認知的思考のキーワード、非認知的思考のキーワード

図を見ながら、簡単に説明してみましょう。中には詳しく5章までで解説しているものもあります。

①「目標」と「目的」

「目標」は、外にあって目指す、認知的思考の代表です。目標を目指すことは、もちろんすばらしいですが、すべての目標を達成できるわけではありません。達成し続けることなど、不可能と言ってもいいでしょう。

一方、「なぜその目標を目指すのか?」という「目的」は、自身の中にあるエネルギーの源と言えます。「目的を持って目指す」「目的を持って生きる」など、目的は自身そのものなので、自己存在感の原点と言えるかもしれません。

なかなか、自分の目的が見つからないかもしれませんが、「目的は何だろう?」と考える非認知思考の習慣が自己存在感を生み出していきます。

なお、目的には正しい答えがあるわけでなく、「なぜ自分はそれに臨むのか?」「それを望むのか?」を考える習慣が大事になります。

②「夢」と「志」

これも目標と目的に似ていますが、「夢を叶えよう」とよく言われますが、これは認知的思考です。もちろん、夢を叶えようと努力していくことはとても大切なことの1つですが、すべての夢が叶うとは限りません。夢をあきらめずに叶える姿は、とても感動的です。外にある夢を追いかけるのは、やはり認知的だと言えます。しかし、それにより、自己肯定感を維持するのは至難の業です。

一方、「自分の志を大事にして生きていく」考えは、非認知的思考です。志とは、自分は何がしたいのかという自分の意志になります。「自分は何をしたいのか?」という問いかけが非認知思考を育みます。

やらされていることが子どものころから多いと、下手すると、「自分はどうしたいのか?」「何をしたいのか?」を考える習慣が少ない人もいるかもしれません。

すると、自分の意志や志が見えなくなり、自己存在感を見失います。そんな中で「夢を叶えれば、自己肯定感がやってくる」と信じて、苦しくなっている人が少なくありません。

自分の中にある「自分はどうしたいのか?」は、必ずどんなことでも存在しているので、自身の自己存在感を次第に持てるようになります。

③「頑張る」と「あるがまま」

目標や夢のために「頑張る」という思考が美徳のように思われています。目標や夢に向けて努力することは、もちろんすばらしいことですが、自分の外にあるものを追い求めるのですから、認知的思考のキーワードです。

目標や夢を達成することは簡単ではありません。だから、「頑張る」「気合い」「根性」「我慢する」という手段が、夢や目標を達成するために大事だと思い込んでいきます。

まさに自己肯定感を高めるために「頑張る」という発想です。「頑張っていればいいことがある」「苦あれば楽になる」というのは妄想です。いい結果は、そのためにするべきことを質高く行なうからこそ、自然にやってくるものであって、「苦労」「頑張る」「我慢」の代償ではありません。それでは自己肯定感など高まらないのは、容易に理解できるでしょう。だから、ますますしんどくなるので、「我慢」がまた登場することになるのです。

まずは、その時々の自分を受け入れ、今自分ができることをやっていく。「今の自分を受け入れることは、成長への否定だ」という根拠のない強迫観念が、私たちの社会にはあります。

今の自分をあるがままに受け入れ、自己存在感を常に維持した生き方は、エネルギーがあるので、成長意欲を自然に内発的に持つようになります。

「頑張れば成長する」のではなく、「あるがままの自分を受け入れる」ことが成長を自ずともたらすのです。

④「得意」と「好き」

社会は、認知的思考ででき上がっているので、学校教育のころから、人と比べられて評価されていきます。「得意を伸ばせ」は、その最も典型的な発想です。

認知的な社会構造の中であればわかります。それを否定したいのではなく、その発想だけでは自己存在感は生まれにくいのです。「得意」は、いつまでたっても、他者との比較の上ででき上がっているからです。

どの世界にも、自分よりもっと得意な人はいくらでもいて、安心できません。得意を伸ばして自己肯定感を上げていかないといけない世界は、苦しいものです。

しかし、自己肯定感呪縛にある今の世の中では、それを求められ、心が折れてしまうわけです。

ぜひ「好き」を大事にしてみてください。「好き」は、人と比べる必要などなく、自由で絶対的な自分自身のオリジナリティです。これこそが「自己存在感」の源です。「好き」に善し悪しもないし、「好き」にレベルなどはないからです。自分自身の「好き」を大事にしている人は、自己存在感を自然に有していくことができます。それは、「仕事を好きになれ」とか、「好きなことを仕事にしよう」ではなく、自身の中に誰もが自己オリジナリティの「好き」を元々持っていることを知って生きていこうと言いたいのです。「好き」があるだけOKということです。

⑤「出来事」と「感情」

認知的思考は外界に依存し、外界の情報と接着し、外界に常に対処していくことを主としています。外界の1つは「出来事」です。日々、出来事に追われ、出来事に翻弄されています。出来事に終わりなく、出来事はコントロールできないものに振り回されています。自身は次第に空洞化していってしまいます。

そんな中で良い出来事を生み出し、自己肯定感を上げていかなければならないのは至難の業と言えます。

外側に繰り広げられる出来事と同じくらい、実は自身の中に生じているものがあります。それは「感情」です。「感情」は、自分の自由なものです。感情こそ、自分自身の存在そのものです。どう感じても、どんな感情を持つことも、すべての人にとっての生きる尊厳だからです。

自身の「感情」に目を向けてみてください。それが非認知的思考です。この思考を意識している人は、自己肯定感に振り回されることなく、自己存在感を自身のオリジナリティとして有していけます。

⑥「比較」と「自分」

自己肯定感至上主義の認知的思考は、得意を伸ばすことを主体としています。そこでも触れましたが、必ず比較を中心にした思考になります。比較の教育が、私たちをそうさせています。

「どっちが長い」「どっちが正しい」「どっちが大きい」「どっちが偉い」「どっちが優れている」「どっちが美しい」「どっちが上手」などなどです。

この世界で生き残り、自身の自己肯定感を上げ続けるなど、不可能に近いと私は思います。比較しているうちは、自身のエネルギーはどんどん目減りしていく一方です。

それでも、「自己肯定感を上げなくてはならない」と苦しんでいる人は少なくありません。

比べる必要などありません。死ぬまで付き合うのは自分です。比較の発想さえなければ、自分自身の存在や価値がそこにあることに気づけます。

大切なのは、「比較」よりまず「自分」です。

「世界の中心で自分を叫べ！」

これが私の提唱する〝セカチュー！〟です。それは〝自己チュー〟とは違います。

どんな世界にあっても、自分は自分で、その存在を大事にするという思考であり、意志です。それは、自己存在感を高め、心を穏やかにし、結局のところ他者への優しさが芽生えていくことになるのです。どうかまずは、「自分を大事にする」と心の中で叫び続けてほしいと思います。

⑦「Doing」と「Being」

認知の世界は、行動を中心に成り立っています。したがって、私たちは常に何をしなければならないのかを考えさせられ、実行させられています。すなわち、「Doing」の世界です。そのための優先順位やPDCAサイクル、原因分析、外界配慮など、認知的思考の訓練は、嫌がおうでも課せられています。皆さんの頭の中は常に「何をしなければならないのか？」でいっぱい。完全に外に振り回されている状態です。

そして、結果が出れば楽になり、自己肯定感が上がる。だから、結果を出すために「Doing」のレベルを上げなければならない、と……。

そのとおりですが、この発想で、果たして自己肯定感を上げられるのでしょうか？
私はしんどいです。
自己存在感を保ちます。自分は、いつでもどこでも、「どうありたいのか」は私の中
そこで、非認知的思考である自分自身はどうありたいのか、「Being」を大事にして
にある存在です。「自分はどうありたいのか」を見つめてみるのです。すぐに見つか
らないかもしれません。しかし、誰かに聞いても、知っている人はいません。「正し
い、間違い」は、そこにはありません。自身で探し、見つける自分は「どうありたい
のか？」それこそが、自己存在感の大きな芽なのです。
ちなみに、私も最初は、「自分はどうありたいのか？」など考えたこともなく、出
てきませんでした。ところが、問いかけ続けて見つかった1つの「Being」。私はいつ
でもどこでも「自由でありたい」とわかりました。もちろん、行動上の自由は、いつ
も制限されています。今も締め切りに追われて、この原稿を夜中に書かないといけな
いという「Doing」に縛られていますが（苦笑）、「自由でありたい」という私自身の

「Being」は誰も邪魔できないのです。

「自由でありたい」という私自身の存在が、私の自己存在感の源となって生きているように思います。その思考で生きていれば、自己肯定感という概念はなくても済むと確信しています。

⑧「不足」と「ある」

認知的思考は、「不足」を探し、それを満たすための行動を使命として脳を働かせ、私たちを支配しています。ですから、いつも頭の中は「何が不足」で、「何ができなくて」「何が課題なのか？」そして、「どうやってそれを解決し、手に入れていくのか？」という思考を徹底教育されています。

不足思考は、いつも「もっと、もっと」と欲張りです。自己肯定感を高め続けるためにも、「足る」を知ってはいけないのです。「自己肯定感を高めて、上げて」と言われ続けるのは、いつでも「まだまだ」という強迫観念があるからです。「足る」を考えると、「自己肯定感が低い」と批判されてしまいます。本当に生きづらい世の中です。

「存在感」は、「〝ある〟を見る」ということに他なりません。皆さんの中には何がありますか？

心臓がある、感情がある、鼻がある、胃がある、思いがある、血液がある、考えがある、脳みそがある、やりたいことがある、などなど、たくさんの〝ある〟で満たされています。

そして何よりも、どこにも売っていない、最も高価な「命」があります。「命がある」、これこそが自己存在感です。命があるのは、当たり前ではなく、立派にあるのです。

「不足」を追いかけながら、自己肯定感を上げ続けるという呪縛の世界から脱出しましょう。自分の〝ある〟を見て、まずは永遠に不滅の「自己存在感」というエネルギーを持って生きること――。私は皆さんに声を大にしてお勧めしたいと思います。

⑨「自信」と「信じる」

「自信」を持つことは大切です。しかし、自信は通常、結果を出すことによって積み重なり得られる心の状態です。結果が前提条件にあるメンタリティと言えます。それはまるで自己肯定感と似ています。「自信を持て」「自信がないからダメなんだ」……。自信を持てないから苦労しているし、結果を出さないといけないけれど、そう簡単に出ないから悩んでいるのです。

そんな状態の中で「自信を持て」とか「自己肯定感が低いから高めろ」などとまわりから批判されてしまうのです。キツイですよね。

まずは、結果から離れて、先ほども述べた自分の中にある〝ある〟を信じてみてください。「信じる」は、自分次第で、自分から始まり、外的な前提条件は不要の発想です。「confidence 至上主義」から「believe 重要主義」にシフトチェンジしませんか？

「信じる」は、今この瞬間からでもできます。自分次第だからです。「信じる」ことができる人は、条件に縛られてないので、間違いなく自己存在感を持ちます。そのエネルギーは、結局のところ、自分の望む目標や夢を叶え、自信を生み出す可能性が高くなってきます。しかし、結果が出なければもちろん、悔しいしがっかりはしますが、自己肯定感ではなく自己存在感で生きているので、自分らしく生き続けることができる。そんな好循環を自ら得ることができます。

⑩「褒めてあげる」と「わかってあげる」

最後の対比は、他者の自己存在感を持てるような接し方のキーワード例です。

認知の世界の自己肯定感至上主義の世界では、「褒める」こともまた、もてはやされています。しかし、「褒める」は、通常は結果になります。「結果を褒めてほしい」「結果を褒める」など、褒めて自己肯定感を高める呪縛です。「褒めてもらうために、いつも結果を出さなければならない」という無意識の呪縛が生じます。

自己存在感を育むためには、「わかってあげる」が大切です。人がわかってほしいのは、「感情」と「考え」です。それは、その人そのものだからです。「自分の存在をわかってほしい」ということと同意語です。

「わかってあげる」のコツは、同意ではなく、理解です。「agree」ではなく「understand」です。

人は、いろんな「感情」と「考え」を抱きます。そこに正誤はありません。相違は多々あります。それを同意思考だけだと、わからないことが生じます。一方で、理解思考は、相手の「感情」や「考え方」という存在をわかってあげるということになります。

小さいころからわかってもらえている人、大人になってもわかってもらえる人や環境にいる人は、自己存在感が間違いなく生じています。「わかってほしい」という叫びを皆放っているので、「褒めてあげる」のではなく、「わかってあげる」で自己存在感をまわりに育んでいきましょう。

セルフで自己存在感を育む練習

最後に、セルフでできる、自己存在感を育む練習法を簡単に紹介したいと思います。

◎自分が「不機嫌」よりも「ご機嫌」だと、どんな自分になるのか、ご機嫌の価値を1週間に1回10個以上書き出してみる。

◎自分の好きなことやモノや人や食べ物や場所など、何でもいいのでたくさん書き出してみる。なければ1個でもOK。

◎自分は何がしたいのか？　もしドラえもんがいたら、お願いしたい自分がしたいことを書き出して眺めてみる。

◎自分はいつでもどこでも「どうありたいのか？」自分の「ありたい」を考えて書いてみる。

◎自分がよく感じる感情を10個、週に1回は書き出してみる。

◎今目標があるのなら、「なぜ自分はその目標を達成したいのか」の目的を考えて書き出してみる。

◎自分の自己紹介を、自分に向けて時々書いてみる。

◎自分がワクワクすることやワクワクした体験を書き出してみる。

◎自分自身をひらがな1文字で表すと何か？　「それはなぜなのか？」を書いてみる。

◎「自分を信じる」と、根拠なく毎日10回唱えてみる。

◎毎日、自分に対して、年の数だけ根拠なく「ありがとう」と言ってみる。

◎自分が大事にしているモットーを書いてみる。

◎月に1回、自分が成長したこと、変化したことを書き出してみる。

◎自分ができることを10個、月に1回書き出してみる。

以上になります。

全部でもいいですし、できそうなことからやってみてください。

大事なことは、細々でもいいので続けてやることです。できれば、ワークをやったことや、ワークをやって感じたこと、新たに気づいたことなどを、家族や友人、知り合いと話してみるといいでしょう。それを繰り返すと、次第に非認知的思考が脳の中に育まれていくことで、だんだんと、自己存在感を感じるようになり、自己肯定感にしがみつかなくても、エネルギーを持って自分らしく生きていけるようになります。

自己存在感とは、自分の居場所が今ここに自分の中にあるという安心です。人には居場所が必要ですが、自己肯定感至上主義の世界では、それが容易ではないのです。すべての人にその人固有の居場所、それが自分自身です。それを感じて生きる力とするのが、本書で紹介してきた「自己存在感」と言えるでしょう。

*

謝辞

本書を執筆できたのは、これまで出会ってきたすべての人のおかげだと心から思っています。私の経験と体験を通して感じてきたことの証です。家族はもちろん、たくさんの仲間、友人たち、フォレスト出版の方々、そして、ここまでお読みいただいたあなたに深謝いたします。ありがとうございます。

2022年2月

スポーツドクター　辻　秀一

自己存在感を育むおすすめの書籍

◎SOURCE（マイク・マクマナス、ヨウコ・ヒューイ／ヴォイス）
◎在り方（永松茂久／サンマーク出版）
◎3つのゼロの世界（ムハマド・ユヌス／早川書房）
◎十牛図に学ぶ――真の自己を尋ねて（横田南領／致知出版社）
◎パッチ・アダムスいま、みんなに伝えたいこと（パッチ・アダムス、高柳和江／主婦の友社）
◎自分だけの才能の見つけ方（山口揚平／SBクリエイティブ）
◎志の見つけ方（佐藤一斉、長尾　剛／PHP研究所）
◎あなたの知らないあなたの強み（古野俊幸／日経BP）
◎気づきの奇跡（ティク・ナット・ハン／春秋社）
◎自分を「ごきげん」にする方法（辻　秀一／サンマーク出版）
◎すごい自己紹介（横川裕之／泰文堂）
◎マンガでやさしくわかるU理論（中土井僚、松尾陽子／日本能率協会マネジメントセンター）

◎禅脳思考（辻　秀一／フォレスト出版）
◎世界は善に満ちている（山本芳久／新潮社）
◎マイノリティデザイン（澤田智洋／ライツ社）
◎目的の力（ヴィクター・J・ストレッチャー／ハーパーコリンズ・ジャパン）
◎いのちの声に聴く（パーカー・J・パルマー／いのちのことば社）
◎自分を敬え（辻　秀一／学研プラス）
◎ありのままの自分を認める（岩井俊憲／宝島社）
◎自己信頼（ラルフ・ウォルドー・エマソン／海と月社）
◎一生ブレない自分のつくり方（辻　秀一／大和出版）
◎ありのままの自分を生きてみよう！（マイク・ロビンズ、井上　実／PHP研究所）
◎禅の言葉とジブリ（細川晋輔／徳間書店）
◎「べてるの家」から吹く風（向谷地生良／いのちのことば社）
◎人類の目覚めへのガイドブック（天外伺朗／内外出版）
◎「本当の自分」がわかる心理学（シュテファニー・シュタール、繁田香織／大和書房）
◎自分を信じて生きる――インディアンの方法（松木　正／小学館）
◎自分のための人生（ウエイン・W・ダイアー／三笠書房）

〈著者プロフィール〉
辻 秀一（つじ・しゅういち）
スポーツドクター。産業医。株式会社エミネクロス代表取締役。
1961年東京都生まれ。北海道大学医学部卒業。慶應義塾大学スポーツ医学研究センターでスポーツ医学を学ぶ。1999年、QOL向上のための活動実践の場として、株式会社エミネクロスを設立。応用スポーツ心理学をベースに、個人や組織の活動やパフォーマンスを最適・最大化する心の状態「Flow」を生み出すため、独自理論「辻メソッド」で非認知スキルのメンタルトレーニングを展開。子どものごきげんマインドを育む「ごきげん授業」を日本のトップアスリートと展開する「Dialogue Sports 研究所」の代表理事を務める。著書に『スラムダンク勝利学』『ゾーンに入る技術』『禅脳思考』『自分を「ごきげん」にする方法』他多数。

自己肯定感ハラスメント

2022年2月26日　　初版発行

著　者　辻　秀一
発行者　太田　宏
発行所　フォレスト出版株式会社
〒162-0824 東京都新宿区揚場町2-18　白宝ビル5F
電話　03-5229-5750（営業）
　　　03-5229-5757（編集）
URL　http://www.forestpub.co.jp

印刷・製本　中央精版印刷株式会社

ISBN978-4-86680-814-7 Printed in Japan